성경 본문에 충실하고 현대의 상황에 적실하게 적용하는 설교에 열정을 다했던 존 스토트의 전통을 따라서, 크레이그 바르톨로뮤는 오늘날 교회에 그와 같은 설교가 다시 일어나야 한다고 강력하게 주장한다. 이 작은 책에서 그는 깊이 있는 성경 연구와 예리한 문화 분석을 결합한다. 목회자에게 가장 중요한 사역, 곧 하나님 말씀 전하는 일을 능력 있게 하기 원하는 목회자들은 이 책에서 격려와 도전을 받을 것이다.

— 크리스토퍼 라이트(랭함 파트너십 디렉터)

성경의 텍스트를 전체 성경의 내러티브 상황 속에서 읽는 방법, 청중을 하나님께로 가까이 이끄는 동시에 그들을 세상으로 내보내는 방식으로 설교하는 방법, 우상으로 가득한 현시대에 그 말씀을 적용하는 방법을 이 책에서 배울 수 있다.

— 브루스 애쉬포드(사우스이스턴 침례신학교 학장)

성경 본문과 청중의 세계 사이 어디선가 선회 비행만 하는 설교를 하고 있다면, 이 책을 꼭 읽어 보라. 삼위일체 하나님의 인도를 따라서 본문의 세계로부터 이륙하여 풍성한 정경과 문화의 세계를 경험하고 정확하게 청중의 삶의 세계에 도착하는 설교 비행사가 되도록 해 줄 것이다.

— 김대혁(총신대학교 설교/예배학 교수)

성경의 '그때 거기서'를 이륙하여 청중의 '지금 여기서'에 안전하게 착륙하려는 설교자에게 바르톨로뮤의 이 책은 반드시 숙지해야 할 설교의 '운항 매뉴얼'이다!

— 정인교(서울신학대학교 설교학 교수)

이상적인 설교의 원리를, 새롭게 그리고 강하게 도전하는 책이다. 건실한 본문 해석에 기초하면서도 탄탄한 현장 적용을 품은 설교를 어떻게 실천할 수 있는지를, 원리와 함께 구체적인 예로써 제시한다. 알찬 내용에 묵직한 통찰을 제공한다.

— 채경락(고신대학교 설교학 교수)

Copyright ⓒ 2015 by Craig G. Bartholomew
Originally published in English under the title
Excellent Preaching: Proclaiming the Gospel in Its Context and Ours
by Lexham Press, 1313 Commercial St., Bellingham, WA 98225, U.S.A.
All rights reserved.

Translated and used by permission of Lexham Press.

This Korean Edition Copyright ⓒ 2017 by Jireh Publishing Company,
Goyang-si, Gyeonggi-do, Republic of Korea.

이 한국어판 저작권은 Lexham Press와 독점 계약한 이레서원에 있습니다.
신저작권법에 의하여 한국 내에서 보호받는 저작물이므로 무단 전재와 무단 복제를 금합니다.

성경과 오늘의 세계를 잇는 설교
엑설런트 프리칭

성경과 오늘의 세계를 잇는 설교

엑설런트 프리칭
Excellent Preaching: Proclaiming the Gospel in Its Context and Ours

크레이그 바르톨로뮤 지음
김광남 옮김

초판 1쇄 인쇄   2017년 12월 12일
초판 1쇄 발행   2017년 12월 19일

발행처   도서출판 이레서원
발행인   문영이
출판신고   2005년 9월 13일 제2015-000099호

기획   이혜성
편집   송혜숙, 오수현
영업   박생화
총무   곽현자

경기도 고양시 일산동구 중앙로 1160 오원플라자 701호
Tel. 02)402-3238, 406-3273 / Fax. 02)401-3387
E-mail: Jireh@changjisa.com
Website: Jireh.kr / Facebook: facebook.com/jirehpub

책값은 표지에 있습니다.

ISBN 978-89-7435-496-1 03230

신저작권법에 의해 한국 내에서 보호받는 저작물이므로 저작권자의 서면 허락 없이 이 책의 어떠한 부분이라도 전자적인 혹은 기계적인 형태나 방법을 포함해서 그 어떤 형태로든 무단 전재하거나 무단 복제하는 것을 금합니다.

이 도서의 국립중앙도서관 출판예정도서목록(CIP)은 서지정보유통지원시스템 홈페이지(http://seoji.nl.go.kr)와 국가자료공동목록시스템(http://www.nl.go.kr/kolisnet)에서 이용하실 수 있습니다. (CIP 제어번호: CIP2017031430)

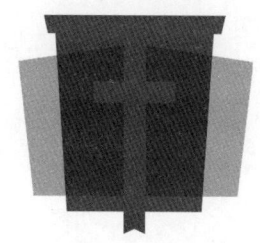

성경과 오늘의 세계를 잇는 설교

엑설런트 프리칭

EXCELLENT PREACHING

크레이그 바르톨로뮤 지음 | 김광남 옮김

이레서원

내 자신이 그 일부가 되는 특권을 얻었던
버링톤의 성 조지 교회 회중에게

목차

:: 머리말 | 8
:: 서문 | 11

01. 서론 · 13
02. 목적지, 비행기, 화물 · 23
     현재의 삶, 설교, 하나님의 말씀
03. 기장 · 34
     성령
04. 도착지에서 바라보는 광경 · · · · · · · · · · · · · · · · · · · 42
     하나님이 중심에 계시는 피조 세계
05. 공항 · 78
     상황화
06. 비행기 착륙시키기 · 106
     설교의 적용: 몇 가지 예들
07. 결론 · 127

부록 A 추천 도서 | 131
부록 B 확대된 사도신경 | 133

머리말

캐나다 성공회 네트워크(ANiC)에 속한 우리 교구의 교회들과 신자들에게 가장 중요한 것은 성경적으로 터가 잡히는 것이다. 하나님께 우리가 "성경을 읽고, 성경에 표기를 하고, 성경의 내용을 배우고, 그 내용을 내적으로 소화할 수 있게" 해 주시기를 바란, 대주교 토머스 크랜머(Thomas Cranmer)의 기도는 현재 진행 중에 있는 성공회 개혁의 특징을 이룬다.

우리는 사도 바울이 젊은 제자 디모데에게 했던 권면을 진지하게 다루려 한다. "너는 진리의 말씀을 옳게 분별하며 부끄러울 것이 없는 일꾼으로 인정된 자로 자신을 하나님 앞에 드리기를 힘쓰라"(딤후 2:15). 나중에 같은 서신에서 바울은 이렇게 말한다. "모든 성경은 하나님의 감동으로 된 것으로 교훈과 책망과 바르게 함과 의로 교육하기에 유익하니 이는 하나님의 사람으로 온전하게 하며 모든 선한 일을 행할 능력을 갖추게 하려 함이라"(딤후 3:16-17).

나는 크레이그 바르톨로뮤 박사가 우리 ANiC 소속 성직자라는 사실이 매우 감사하다. 크레이그는 여러 중요한 책들의 저자이며 리디머 대학교에서 철학·신학·종교를 가르치는 존경받는 교수다. 그는 성령의 이끄심 아래에서 하나님의 말씀을 현명하고 신실하게 해석하고 적용하는 일에 열정을 갖고 있다. 이런 열정은 그의 모든 가르침과 저술 활동을 통해 계속해서 드러나고 있다.

"비행기를 착륙시킴"이라는 은유는 매우 유용하다. 분명히 그 은유는 우리가 들은 말씀을 지혜롭고 신실하게 다루고 적용하는 것과 관련되어 있다. 내가 원하는 것보다 훨씬 더 많은 시간 동안 비행기를 타야 하는 사람인 나는 목적지에 착륙하지 못한 채 선회하는 비행기 안에 머무는 것을 좋아하지 않는다. 설교자로서 나는 그동안 너무 자주 비행기를 선회하도록 내버려 두었다는 것을 인정할 수밖에 없다. 이 책은 나에게, 그리고 다른 이들에게 비행기를 올바른 목적지에 확실하게 착륙시키라는 강력한 도전이다.

나는 크레이그 바르톨로뮤에게 우리 교구의 2015년도 총회에서 이 주제로 강연해 주기를 청했는데, 그때 나는 그 강연이 탁월한 것이 되리라고 기대하고 있었다. 하지만 나는 그 중요한 강연이 이와 같은 책의 형태로 출판될 수 있으리라고는 예상하지 못했다. 나는 이 놀라운 책을 출판해 준 것에 대해 바르톨로뮤와 렉샘(Lexham) 출판사에 크게 감사드린다. 이제 이 책의 출판으로 인해 이 유익한 가르침이 훨씬 더 멀리, 더 넓게 퍼져나갈 것이다. 나는 아주 기쁘다! 그리고 나는 독자들에게 이 책 『엑설런트 프리칭: 성경과 오늘의 세계를 잇는 설교』를 적극 추천한다.

  나는 이 책이 널리 읽히고 숙고되리라고, 또한 성경을 적용하는 문제에 대한 우리의 접근법에 영향을 주리라고 믿는다. 그럴 때 우리는 참으로 예수님의 제자가 될 것이다. 또한 참으로 자유로워질 것이다. 예수님께서 이렇게 말씀하셨기 때문이다. "너희가 내 말에 거하면 참으로 내 제자가 되고 진리를 알지니 진리가 너희를 자유롭게 하리라"(요 8:31-32).

찰리 매스터스(Charlie Masters)
ANic 교구장 주교

서문

이 책은 감사하게도 찰리 매스터스 주교가 밴쿠버에서 열린 2015년도 캐나다 성공회 네트워크(ANiC) 총회에서 기조 강연을 하도록 나를 초청해 준 일에서 시작되었다. 렉샘 출판사의 존 배리(John Barry)와 대화하던 중에 그 주제로 작은 책을 펴내자는 아이디어가 떠올랐다. 이 책을 출판하도록 찰리 주교와 존이 나를 자극해 준 것에 감사드린다. 질리언 퍼니(Gillian Fernie)는 이 책의 원고를 꼼꼼하게 읽고 좀 더 읽기 쉬운 책으로 만드는 일에 아주 큰 도움을 주었다. 또한 나는 몇 해 전에 나눈 대화를 통해 이 책의 형성에 도움을 준 크리스토퍼 라이트(Christopher Wright)에게도 빚을 지고 있다.

이 책과 거의 같은 시기에 출판될 나의 책 *Introducing Biblical Hermeneutics*(Grand Rapids: Baker Academic, 2015)의 마지막 장에서 내가 설교에 대해 좀 더 이론적으로 상세하게 다루고 있음에 독자들은 주목하기 바란다. 이 책에서 진행되는 논의와 관련된 상세한 참고 문헌 목록과 설교에 관한 다른 자료들을 얻고자 하는 독자들은 그 장을 살펴보기 바란다.

나는 우리 시대에 설교의 부흥보다 더 중요한 것을 떠올릴 수 없다. 나는 이 작은 책이 그 일에 약간이라도 공헌할 수 있기를 바란다. 모세와 예수님은 우리가 빵만으로 사는 것이 아니라 하나님의 입에서 나오는 모든 말씀으로 사는 것임을 상기시킨다. 몇몇 통찰력 있는 분석가들은 오늘 우리 서구인들이 역사상 최초로 "빵만으로" 살아가는 사회를 만들어 그 안에서 살아가려 하고 있다고 주장한다. 그런 상황에서 우리는 설교가 우선순위가 되기를 기대하기가 어렵다. 그러나 사실은 이로 인해 정말 훌륭한 설교의 필요성이 더 커진다.

이 책에서 내가 목표로 삼는 것은 설교의 기준을 높이는 것, 그리고 설교자들에게 그들의 거룩하고 높은 소명을 환기시키는 것이다. 훌륭한 설교를 하는 것은 정말로 힘든 일이며 하나님을 섬기는 일에서 우리가 드릴 수 있는 최선을 요구한다. 우리가 하나님의 말씀을 설교하고 말씀에 귀 기울일 때, 만약 이 작은 책이 우리로 하여금 열심히 생각하고 열심히 연구하고 열심히 기도하도록 우리를 자극한다면 그것은 멋진 일이 될 것이다.

크레이그 바르톨로뮤
남아공 콰줄루나탈에서
2015년 7월

01

서론

자주 소홀히 여겨지지만 놀라운 구절인 잠언 30:1-6은 우리에게 하나님의 말씀이 필요함을 상기시킨다.

> 이 말씀은 야게의 아들 아굴의 잠언이니
> 그가 이디엘 곧 이디엘과 우갈에게 이른 것이니라
> 나는 다른 사람에게 비하면 짐승이라
> 내게는 사람의 총명이 있지 아니하니라
> 나는 지혜를 배우지 못하였고
> 또 거룩하신 자를 아는 지식이 없거니와
> 하늘에 올라갔다가 내려온 자가 누구인지,
> 바람을 그 장중에 모은 자가 누구인지,
> 물을 옷에 싼 자가 누구인지,

땅의 모든 끝을 정한 자가 누구인지,
그의 이름이 무엇인지,
그의 아들의 이름이 무엇인지 너는 아느냐
하나님의 말씀은 다 순전하며
하나님은 그를 의지하는 자의 방패시니라
너는 그의 말씀에 더하지 말라
그가 너를 책망하시겠고 너는 거짓말하는 자가 될까 두려우니라

 신중히 숙고할 경우 보상을 제공하는 이 풍요로운 구절에서 아굴은 인간으로서의 자기 한계에 대한 심오한 이해와 하나님 말씀 없이 살고자 할 때 비롯되는 피로감에 대해 말한다. 우리가 아무리 총명하고 계몽되었다고 할지라도, 우리는 하늘에 올라갔다 내려온 적이 없다. 우리는 바람을 모은 적도 없고 물을 옷에 싼 적도 없다. 전도서에서 전도자가 지혜를 추구하는 자신의 자율적이지만 힘겨운 노력을 표현하기 위해 사용한 일반적인 은유는 그 일이 "바람을 잡는 것"과 같다는 것이었다(예컨대, 전도서 2:26을 보라). 인간의 총명함과 지혜는 창조 세계 밖으로부터, 즉 거룩하신 분으로부터의 유입을 필요로 한다(잠 30:3). 왜냐하면 인간은 창조되었으며 창조주가 아니기 때문이다(잠 30:4). 이것은 하나님의 말씀 – 히브리어에서 그것은 문자적으로 "정제된"을 뜻하고, 따라서 순결하고 그 어떤 흠도 없는 것을 의미한다(잠 30:5) – 이 인간의 삶과

인간의 모든 차원에서의 이해를 위해 헤아릴 수 없을 만큼 큰 가치를 지니고 있다는 것을 의미한다.

오늘날 교회와 세상 모두를 위한 하나님 말씀으로서 성경의 중요성을 표현하기는 아주 어렵다. 세계적으로 종교-그중에서도 특히 기독교-가 부흥하고 있는 가운데, 서구는 계속해서 공허한 세속주의의 길을 따라 무거운 발걸음을 옮기고 있다. 이런 현상은, 예컨대, 새로운 무신론(New Atheism)을 통해 나타나고 있다. 우리의 개인주의와 전 세계를 휩쓸고 있는 소비주의 문화의 심연 속에서 하나님 말씀이 정말 필요하다는 사실과 그 말씀이 갖고 있는 적실성을 발견하는 것은 상상력이 요구되는 도전이다. 대부분의 경우 현대성(근대성)은 삶의 공적 차원에서 하나님을 주변화하고 지워 버리고자 하는 갈망 위에 세워진다. 또한 대부분의 경우-비록 대가가 없는 것은 아니지만-그런 노력은 성공해 왔다.[1]

선교학의 중요한 서클들 안에서 서구 문화에 대한 진지한 비판이 나타나기 시작한 것은 1938년 탐바람(Tambaram)에서 국제선교협의회(IMC)가 조직된 후부터였다. 두 차례에 걸친 세계대전과 홀로코스트는 서구 문화가 우월하다거나, 기본적으로 기독교적이라거나, 혹은 중립적이라고 가정하는 것까지도 불가능하게 만들

---

1 Craig G. Bartholomew and Bob Goudzwaard, *The Archaeology of Modernity* (Downers Grove, IL: IVP Academic, 근간 예정).

었다. 20세기에 서구를 괴롭혔던-어느 정도 서구를 역사상 가장 야만적인 사회로 만들면서 그렇게 괴롭혔던-재앙과 비극들은 적어도 두 가지 주요한 방식으로 서구 교회에 영향을 주었다. 예컨대, 월터 윌리엄스(Walter E. Williams)는 2000년에 다음과 같이 지적했다. "20세기는 … 전례 없는 기술적 진보, 지식의 증진, 그리고 삶의 기준의 향상이 있었던 시기로 기억될 것이다. 또한 20세기는 인간 역사의 가장 야만스러운 시기로도 기억될 것이다. 국가 간의 전쟁들과 내전들은 대략 5천만 명의 생명을 앗아 갔다. 그 숫자만큼이나 비극적인 것은 그 숫자가 그들 자신의 정부에 의해 살해된 사람들의 숫자에 비하면 적다는 것이다."[2]

한편으로, 기독교와 서구의 밀접한 연관성은 서구 문화가 평가되고 비판을 받을 경우 기독교 역시 같은 일을 겪게 되리라는 것을 의미했다. 기독교 신앙의 핵심에는 예수의 유일성에 관한 문제가 있고, 그러하기에 수많은 주류 교단에서 나타나고 있는 "주님이요 세상의 구주이신 예수 그리스도의 독특성과 충분성과 최종성의 문제"[3]에 대한 확고한 헌신의 붕괴라는 문제가 있다. 다른 기

---

2 Walter E. Williams, "Mankind's Most Brutal Century—Why?," 1 January 2000, http://econfaculty.gmu.edu/wew/articles/99/brutal-century.htm.
3 Lesslie Newbigin, *Trinitarian Doctrine for Today's World* (Eugene, OR: Wipf and Stock, 1988), 17-18.

독교 서클들 안에서, 그리고 특히 복음주의 전통 안에서 이런 헌신은 여전히 유지되어 왔다. 하지만 그것은 포괄적이고 창조 세계 전체를 망라하는 공적 차원의 믿음을 너무나 자주 상실한 채 유지되는 헌신이었다. 그리고 그로 인해 예수가 구주로 인정되기는 하나 **세상**의 구주로서는 인정되지 않는 결과가 나타났다. 우리는 이것을 "종교의 사유화"라고 부른다. 종교가 사유화될 경우, 종교는 우리 삶의 사적 영역에서는 허용되지만 삶의 주요한 공적 영역들 속으로는 들어가지 못한다.

그로 인한 결과로, 서구 기독교의 자유주의 진영에 남겨진 것은 주로 우리 문화의 좌파 세력과 제휴하는, 그리고 구조적으로 "예수님을 주님으로 고백하는 것이 갖고 있는 긍정적 의미뿐 아니라 부정적 의미와도 직면하지"[4] 못하는, 즉 복음이 우리의 서구 문화를 형성하고 비판하는 것을 허락하지 않는 골자가 빠져 버린 "복음"이게 된 것이다. 반면에 복음주의 세계에 속한 우리는 주님이신 예수님께 대한 헌신을 유지하고 있으나 주로 그분을 개인적 구주로 여긴다. 그리고 그로 인해 우리는, 개발도상국에 대해서는 말할 것도 없고, 위기에 처한 서구에 대해서도 말할 것이 거의 없는 상태가 되었다.

아주 자연스럽게, 그러나 매우 불행하게도, 이런 양극화는 교회

---

4 Ibid., 18.

의 설교를 통해서 그 모습을 드러낸다. 존 스토트(John Stott)는 그의 책 『존 스토트 설교의 능력』(*I Believe in Preaching*, 크리스천다이제스트)에서 유사한 지적을 한다. 그는 자유주의자들이 그들의 설교에서 현대의 삶을 대상으로 삼고 있다고 지적한다.[5] 유감스럽게도, 우리는 우리가 듣는 설교들이 **어디로부터** 오는지를 늘 확신하지는 못한다!

몇 해 전에 나는 영국 전역에서 온 실천신학자들의 모임에 참석했던 적이 있다. 참석자들 중 두 사람이 지명을 받아 우리 모두가 그 모임을 통해 숙고했던 것에 대해 설명하는 시간을 가졌다. 그 중 한 사람이 자기는 우리가 성경이 우리 **위에** 있어서는 안 되며 오히려 대화 파트너로서 우리 **옆에** 있어야 한다는 것에 동의했다고 생각한다고 말했다. 그러자 히브리어와 구약성경을 가르치는 용기 있는 한 교수가 그것은 우리 모두의 견해가 아니라며 즉각 이의를 제기했다! 만약 성경이 우리의 대화 파트너로 격하된다면, 설교가 성경에 근거한 것이 되어야 할 이유는 없어질 것이 분명하다. 그에 비해, 복음주의적인 설교는 성경으로부터 나온다. 그러나 그런 설교들은 특별하게 **그 어디로도 향하지 않는** 경향을 보인다. 스토트는 복음주의적인 설교에 대해 다음과 같이 말한다.

---

5 이 문제에 관해서는, John R. W. Stott, *I Believe in Preaching* (London: Hodder and Stoughton, 1982), 137-44를 보라.

> 만약 우리가 보수주의자라면, … 그리고 역사적인 기독교 정통이라는 전통 안에 서 있다면, 우리는 그 만(灣)의 성경 편에서 살아간다. 그곳에서 우리는 편안함과 안전함을 느낀다. 우리는 성경을 믿고, 성경을 사랑하고, 성경을 읽고, 성경을 연구하고, 성경을 해석한다. 그러나 우리는 성경의 맞은편에 있는 오늘의 세상 속에서는 편안함을 느끼지 못한다. … 만약 내가 그 두 세상 사이에 존재하는 만(灣)을 도형으로 그리고, 이어서 그 도형에 관한 설교들을 계획한다면, 나는 성경의 세계에서 시작해서 직선 궤도로 공중으로 올라가지만 결코 맞은편에는 착륙하지 못하는 직선을 그려야 할 것이다. 왜냐하면 우리의 설교는 땅에 내리는 일이 극히 드물기 때문이다. 그 설교는 오늘의 세계 속으로 다리를 놓는 데 실패한다. 그 설교는 성경적이다. 하지만 현대적이지 않다.[6]

스토트는 자유주의적인 설교와 복음주의적인 설교 사이의 이와 같은 이분법을 우리 시대의 큰 비극 중 하나라고 여긴다.

> 한편으로 보수주의자들은 성경적이지만 현대적이지 않다. 다른 한편으로 자유주의자들과 급진주의자들은 현대적이지만 성경적이지 않다. 도대체 왜 우리는 이렇게 고지식한 방식으로 양극화되어야 하는가? 각 편은 나름의 타당한 관심사를 갖고 있다. 전

---

6   Ibid., 140.

자에게는 하나님의 계시를 보존하는 것이 그것이고, 후자에게는 실제 세상에서 살아가는 실제 사람들과 의미 있게 관계하는 것이 그것이다. 어째서 우리는 서로의 이런 관심사를 조화시키지 못하는가? 자유주의자들이 보수주의자들로부터 역사적이고 성경적인 기독교의 근본적인 내용들을 보존할 필요성을 배우고, 보수주의자들이 자유주의자들로부터 그런 것들을 실제 세상에 급진적으로, 그리고 적실하게 관련시킬 필요성을 배우는 것은 불가능한 것일까?[7]

복음주의적인 설교에 대한 스토트의 분석은 그것의 의미를 면밀하게 성찰하는 일에 대해 보상을 제공한다. 당연히 복음주의자들은 자신들이 "성경의 그리스도인들"인 것에 대해 자부심을 갖고 있다. 그리고 그들이 성경을 그토록 귀하게 여기는 것은 그들에게 명예가 될 만하다. 현대성은, 특히 여러 주류 성경학 연구를 통해서, 거듭해서 성경의 신뢰성을 문제시해 왔다. 무오성(inerrancy)의 교리를 통해서든 무류성(infallibility)의 교리를 통해서든, 복음주의자들과 정통 그리스도인들은 대체로 거룩한 문서로서의 성경이 갖고 있는 온전히 신뢰할 만한 특성 위에 군건하게 서 있다. 개인적으로 나는 옥스퍼드 대학교 학생 시절에 그런 교리가 갖고 있는 **논리적** 설득력과, 성경을 통해 권위 있게 말씀하

---

7   Ibid., 144.

시는 하나님의 음성을 듣는 법에 관한 **해석학적** 문제 사이에 간격이 있음을 깨달았다. 오늘날의 세상 속에서 성경을 그것의 모든 가치를 드러내도록 설교하려면 우리는 그것을 어떻게 읽어야 하는가?

복음주의적 설교에 대한 스토트의 설명으로 돌아가 보면, **적용**이라는 분야야말로 문제가 가장 분명하게 드러나는 곳이다. 만약 설교가 특별히 어느 곳도 목표로 삼고 있지 않다면, 그 설교는 틀림없이 성공하게 되어 있다. 설교에서 적용의 가능성과 그것이 제기하는 도전은 "비행기를 착륙시켜라!"라는 표현으로 요약된다. 나는 설교를 비행기 조종과 비교하는 이 도발적인 은유를 나의 친구이자 동료이며 교구 목사인 레이 데이비드 글렌(Ray David Glenn)에게서 얻었다. 우리가 다음 주일에 성 조지 성당에서 설교하려고 하는 본문을 어떻게 착륙시킬지에 대해 그 일주일 내내 토론을 벌이는 것은 유별난 일이 아니다. 기도와 묵상, 그리고 진지한 주석 작업을 통해 우리는 그 본문에 대한 어떤 이해에 도달할 수도 있다. 그러나 청중이 우리의 설교를 통해 오늘 그들에게 주시는 하나님의 말씀을 듣게 하려면, 우리는 우리가 처한 특별한 상황 속에서 맞이하는 그 주일에 그 말씀을 어떻게 전달해야 하는가? 우리는 하나님의 살아 있는 말씀을 화물로 갖고 있는 비행기를 어떻게 착륙시켜야 그 말씀이 우리의 회중에게 그런 것으로서 제시되고 또한 받아들여질 것인가?

이 책이 끝날 즈음에 우리는 "비행기를 착륙시키는 일"에 무엇이 포함되는지에 대해 보다 분명한 개념을 얻게 될 것이다. 하지만 그 지점에 이르기 위한 과정에서 우리는 몇 가지 문제들에 주목할 필요가 있다. 우리의 비행 은유를 확대하자면, 이것은 직항은 아닐 것이다. 그러나 우리가 도중에 들르는 지점들은 우리가 목적지에 보다 완전하게 도달할 수 있게 해 줄 것이다.

02

목적지, 비행기, 화물

현재의 삶, 설교, 하나님의 말씀

성경을 읽을 때 우리는 내가 "마디 본문"(nodal texts)이라고 부르는 구절들과 마주한다. 그 구절들은, 만약 신중하고 온전하게 살펴본다면, 성경의 많은 부분을 열어 보여 줄 뿐 아니라 우리로 하여금 성경 전체에서 나타나는 연관성들을 볼 수 있게 해 주는 풍부하고 촘촘하고 농축된 구절들이다. 그런 "마디 본문" 중 하나가 출애굽기 19:3-6이다. 이 말씀은 우리의 비행 은유에 아주 잘 들어맞는 구절이다. 그러나 이 구절에서는 화물이 하나님의 백성인 반면, 비행기를 조종하는 것으로서의 설교라는 우리의 보다 폭넓은 은유에서는 하나님의 말씀이 화물이다. 여호와는 그분의 백성을 애굽의 종살이에서 해방시키신 후 그들을 시내산으로 데려가셨다. 그리고 그곳에서 그들과 법적 구속력이 있는 언약을 세워 그분은 그들의 하나님이 되고 그들은 그분 자신의 백성이 되게 하려 하신다. 이 마디 본문의 이 중차대한 시점에서 여호와는 자신이 그들을 위해 하신 일과 그들의 미래를 위한 자신의 계획을 언급하신다. 출애굽기 19:4에서 여호와는 이스라엘을 애굽에서 해방시키신 것을 어미 독수리가 등으로 새끼를 실어 나르는 것에 비유하신다. "내가 애굽 사람에게 어떻게 행하였음과 내가 어떻게 독수리 날개로 너희를 업어 내게로 인도하였음을 너희가 보았느니라." 이것은 출애굽에 대한 놀랄 만큼 친숙한, 즉 출애굽 상황을 환기시키는 서술이다. 그리고 여호와 항공(Air Yahweh)보다 비행하기에 안전한 항공사가 있겠는가? 실제로 여호와는 그분 자신의 항공사를 갖고 계신다. 그 항공사의 비행기는 오순절 이후 지구상의 모든 장소**로부터** 이륙하지만, 오직 하나의 목적지**를 향해** 비행한다! "내게로 인도하였느니라."

지금 우리는 성경의 종교의 핵심을 말하고 있는 중이다. 그것은 하나님께로 인도되는 것이다. 하나님 자신이 목적지이다. 요한복음 17:3에서 예수님은 이것을 놀랄 만큼 분명하게 표현하신다. "영생은 곧 유일하신 참 하나님과 그가 보내신 자 예수 그리스도를 아는 것이니이다." "영생"은 종종 영원히 계속해서 사는 삶, 즉 불멸의 한 형태로 오해받는다. 하나님께로 인도되는 것에서 비롯되는 삶은 실제로 영원히 계속된다. 하지만 "영생"은, 내가 오래

전에 레온 모리스(Leon Morris)가 쓴 요한복음 주석을 통해 처음으로 배웠던 것처럼, 그런 것 이상을 의미한다.[8] 영생은 오는 시대의 삶이며 오직 성경의 종말론을 배경으로 읽을 때만 올바르게 이해될 수 있다. '종말론'(eschatology)은 마지막 일들에 관한 교리를 가리킨다. 어떤 서클들 안에서 그것은 그리스도 재림의 징표들을 가리키는 데 사용되기도 한다. 여기서 나는 그 용어를 마지막 때(end times)를 가리키는 데 사용한다. 하지만 그 용어는 그리스도의 초림과 더불어 그 마지막 때가 이미 역사 속으로 들어왔다는 의미로 사용된다. 예수님 시대에 유대인들은 그 마지막 때, 종말, 즉 하나님이 그분의 적들을 무찌르시고 창조 세계에서 악을 제거하시는 때가 오기를 간절히 기대했다. 신약성경도 그런 견해를 취하기는 하나 아주 다른 방식으로 취한다. 오는 시대, 즉 하나님 나라는 예수님 안에서 이미 와 있으며, 예수님이 영광 중에 돌아오실 때 완성될 것이다. 그러므로 신약성경의 관점에서 보자면, 이미 우리는 마지막 때를 살고 있는 것이다! 요한복음은 "하나님 나라"라는 말을 드물게 사용한다. 요한이 그것과 같은 의미로 사용하는 표현 중 하나가 "영생"이다. 그러므로 영생은 영원히 지속되는 삶을 훨씬 넘어서는 그 무엇이다. 그것은 하나님이 우리에게 바라시는

---

8   Leon Morris, *The Gospel According to John*, 2nd ed., New International Commentary on the New Testament (Grand Rapids: Eerdmans, 1995).

삶, 즉 하나님 나라의 삶이며, 이미 역사 속으로 들어와 있고 예수님 안에서 거저 얻을 수 있다.

영원한 삶 속에 내포되어 있는 하나님에 대한 지식은, 에덴동산에서 그랬던 것처럼, **매우 개인적**이다. 칼 바르트(Karl Barth)가 옳게 지적했듯이, 창세기 2:9에 등장하는 생명나무는 에덴의 공동 거주자이신 하나님에 대한 표지이며,[9] 몇몇 학자들은 창세기 2-3장에서 에덴이 일종의 성소로 묘사되고 있음에 주목해 왔다.[10] 히브리어에서 "에덴"이라는 단어는 "기쁨"에 해당하는 단어의 언어유희다. 그러므로 에덴은 기쁨의 동산이다. 내가 다른 곳에서 지적했듯이, "동산"은 올바른 단어가 아니다. 에덴은 동산이라기보다는 방대한 공원에 가깝기 때문이다.[11] 에덴 공원은 기쁨으로 가득 차 있었다. 하지만 그중에서도 중요한 것은 창세기 2-4장에 등장하는 하나님의 구별된 이름인 "여호와 하나님"(Yahweh Elohim, "LORD God"[NIV])과의 긴밀한 관계였다. 이제 우리는 그 문제를 살필 것이다.

---

9 Karl Barth, *Church Dogmatics* vol. 3, *The Doctrine of Creation*, part 1 (Edinburgh: T&T Clark, 1986, 『교회 교의학』, 대한기독교서회), 282.

10 Gordon J. Wenham, "Sanctuary Symbolism in the Garden of Eden Story," *Proceedings of the 9th World Congress of Jewish Studies* 9 (1986): 19-25을 보라.

11 Craig G. Bartholomew, *Where Mortals Dwell: A Christian View of Place for Today* (Grand Rapids: Baker Academic, 2011), 26-27.

구약성경에서 "알다"라는 말은 결혼 관계 속에서 이루어지는 친밀한 성적 결합을 표현하는 하나의 방법일 수 있다. "하나님에 대한 지식"에는 여호와에 **관한** 지식이 포함되지만—어떻게 그렇지 않을 수 있겠는가?—그것 이상이다. 거기에는 하나님과의 인격적 관계 속으로 인도되는 것과, 또한 그 과정에서 자신이 유일하고 거룩하며 보편적이고 사도적인 교회인 하나님의 우주적 백성 중 하나임을 발견하는 것이 포함된다.

좋은 은유는 서로 관련성이 없을 법한 두 대상 사이의 선명한 유사성을 알려 준다. 나는 "여호와 항공"이라는 개념이 당신에게 이것을 분명하게 인식시킬 수 있기를 바란다! 그러나 그런 은유가 작동하는 것은, 무엇보다도 여호와께서 여러모로 항공사와 같지 않으시기 때문이다. 이런 비유사성들은, 우리가 이미 보았듯이, 항공사들은 수많은 목적지들로 비행하는 반면 여호와 항공은 유일한 목적지인 그분을 향해서만 비행한다는 점에서, 분명해진다!

여호와는 이스라엘을 문자 그대로 구출하셨고 문자 그대로 시내산으로 이끄셨다. 오순절 이후 하나님은 온 세상에서 영과 진리로 예배를 받으신다(요 4:23-24). 그러므로 우리가 하나님에 대한 믿음에 이르기 위해 실제로 지리적 여행을 하는 일은—비록 그런 일이 전혀 없는 것은 아니지만(가령, 순례를 떠올려 보라)—매우 드물다. 지금 우리는 위대한 성경 드라마의 후반부에, 즉 하나님 나라의 도래와 그 나라의 최종적 완성 사이에 존재하는 선교의 시대에 살고 있다. 그 드라마 중 우리가 출연하는 막에서 그 항공사는 약간 다른 기능을 하는데, 비록 목적지는 궁극적으로 동일하지만, 보다 적절하게 "삼위일체 항공"(Air Trinity)이라는 새로운 이름을 갖고 있다.

삼위일체 교리는 유대인이신 예수님을 만나는 것으로부터 나온다. 일신교적 상황에서 제자들이 예수님이 실제로 하나님의 아들이심을 알게 되었을 때 삼위일체 교리를 위한 기초들이 마련되었다. "여호와 항공"을 "삼위일체 항공"으로 개명하는 것에 관해 성찰하기에 좋은 지점은 요한복음 1장이다. "태초에 **말씀**이 계시니라 이 **말씀**이 하나님과 함께 계셨으니 이 말씀은 곧 하나님이시니라 … **말씀**이 육신이 되어 우리 가운데 거하시매."[12]

탁월한 설교가답게 요한은 그의 복음서 서문에서 로고스(logos, "말," "사건"에 해당하는 그리스어)라는 단어를 사용한다. 그리스적 사고에 익숙한 청중은 이 지점에서 귀를 쫑긋 세웠을 것이다. 왜냐하면 고대 그리스 헤라클레이토스(Heraclitus)의 철학과 스토아 철학(Stoicism)에서 로고스는 우주의 이성적 원리였기 때문이다. 유사하게, 요한복음 1장을 읽는 유대인들은 창세기 1:1에 대한 간본

---

12 다른 모든 번역본과 마찬가지로, NIV 역시 로고스(logos)를 "말씀"(Word)으로 번역하고 있다.

문적(intertextual) 언급을 놓치지 않았을 것이다. "태초에…." 두 그룹, 곧 그리스인들과 유대인들은 모두 무언가 굉장한 것이 다가오고 있음을 인식했을 것이다. 그것은 온 우주의 원리, 즉 모든 것의 출발점에 있었던 것을 의미한다!

그 두 그룹 모두를 완전히 허둥거리게 한 것은 요한복음 1:14이다. "말씀이 육신이 되어 우리 가운데 거하시매[tabernacled, '장막을 치시매'-다시 성소와 관련된 상징이다!]." 그리스인들에게 이것은 저주였다. 유대인들에게 이것은 굉장한 걸림돌이었다. 하지만 우리 중 믿는 자들에게 이것은 **영생**이다! 나처럼 당신 역시 요한복음의 기본적인 내용을 알고 있다. 그것은 하나님이 그리스도 안에서 우리를 그분께로 돌이키기 위해 어떻게 행동하셨는가 하는 것이다.

예수를 "말씀"(the Logos)이라고 부르는 것이 **정확하게** 무엇을 의미하느냐 하는 문제와 관련해 그동안 수많은 글들이 쓰였다.[13] 내가 보기에 그 단어의 기본적인 의미는 단순하지만 매우 심오하다. "말"은 우리가 서로 소통하고 서로에게 자기 자신을 제공하는 수단이다. 적절한 상황에서 발설된 "쥬뗌무"(Je t'aime, "사랑해")라는 말이 지니고 있는 페이소스(pathos)에 대해 생각해 보라! 하나님은 예수님 그분을 통해 우리 가운데 오시고, 자신을 우리에게

---

13 요한복음에 관한 주요한 주석들을 보라.

주시고, 우리를 자신에게로 이끄셨다.

우리가 예수님을 발견하는 것은 성경에서다. 당신은 사도행전 2:42에서 초기 그리스도인들이 "사도의 가르침"에 몰두했던 이유가 무엇이라고 여기는가? 우리는 그 구절에서 그들이 구약성경을 읽는 일에 몰두했다는 내용을 읽게 되리라고 여겼을지도 모른다. 의심할 바 없이 구약성경은 사도들의 가르침의 일부였다. 하지만 사도행전 2:42은 그들이 몰두했던 것이 "사도의 가르침"이었다고 말한다. 왜냐하면 그들은 바로 그 가르침에서 예수님을 만날 수 있었기 때문이다. 나는 성경을 값진 진주가 감춰진 밭으로 여기는 것을 선호한다. 그 밭을 팔 때 우리는 자신이 거듭해서 하나님께로 인도되고 있음을 알게 될 것이다.

기록된 말씀은 하나님이 우리를 그분에게로 이끌기 위해 사용하시는 수단이다. 그리고 하나님은 반복해서 그렇게 행하신다. 칼 바르트는 하나님은 성경을 통해 말씀하시는 것에 국한되지 않으신다고 지적한다.[14] 하나님은 꿈을 통해, 자연을 통해, 우리의 경험 안에서, 그리고 기타 여러 가지 것들을 통해 말씀하실 수 있다. 하나님이 그렇게 말씀하시는 곳에서 우리는 마땅히 하나님께 주목해야 한다! 그러나 바르트가 주장하듯이, **교회 안에서** 하나님

---

14 Karl Barth, *Church Dogmatics*, vol. 1, *The Doctrine of the Word of God*, part 1 (Edinburgh: T&T Clark, 2004), 61.

이 말씀하시기 위해 정하신 수단은 성경 곧 정경인 성경이며, 모든 성경 외적 "발언들"은 언제나 성경에 비추어 검증을 받아야 한다. 교회 안에서 성경은 읽히고, 들리고, 설교되어야 한다. 왜냐하면 오직 그럴 때만 우리는 하나님의 말씀을 듣고 거듭해서 그분에게 인도될 것을 소망할 수 있기 때문이다.

회중 안에서 말씀이 갖는 중심성은 20세기 독일 선교학자 게오르그 피체돔(Georg Vicedom)이 아주 잘 강조한 바 있다. 그는 이렇게 주장했다. "회중의 참모습은 말씀과 회중이 분리될 수 없는 통일체라는 것이 분명하게 이해되는 곳에서 나타난다. 그 둘은 서로 너무나 밀접하게 연관되어 있기에 말씀에 관해 말해진 것은 손쉽게 회중에게 적용된다."[15] 이런 견해를 뒷받침하기 위해 피체돔은 마태복음 13장과 마가복음 4장에 실려 있는 비유들, 그리고 특히 누가가 교회의 성장을 가리키기 위해 말씀의 흥왕함을 언급하는 사도행전 구절들(6:7; 12:24; 19:20)을 지적한다. 피체돔이 말하듯이, "그러므로 말씀 자체는 회중 안에서 그 자신의 모습을 취하고, 또한 회중 안에서 생명을 제공하고 스스로 전파되는 말씀이 된다."[16]

설교의 잠재력과 중요성이 보이기 시작하는가? "여호와 항공"

---

15 Georg F. Vicedom, *The Mission of God: An Introduction to a Theology of Mission*, trans. Gilbert A. Thiele and Dennis Hilgendorf (St. Louis: Concordia, 1965), 91.

16 Ibid., 92.

과 그 후의 "삼위일체 항공"처럼, 설교는 하나님 **안에 있는** 역동적인 착륙 가능성 – 우리의 삶이 살아 계신 참된 하나님의 압도적인 현실 안에 새롭게 뿌리를 내릴 가능성 – 을 지닌 하나님의 말씀을 실어 나른다. 요한계시록 1:12-16에서 요한은 교회를 예수님이 그 사이에서 걷고 계신 촛대들로 묘사한다. 예수님이 촛대 사이를 걸으시는 주된 방식은 그분의 말씀을 통해서다. 즉 그 말씀이 읽히고, 들리고, 설교되는 것을 통해서다. 20세기 위대한 설교가인 마틴 로이드 존스(Martyn Lloyd-Jones) 박사는 자기를 하나님의 현존 안으로 이끌어 가는 설교를 기대한다고 말했다. 존 스토트는 우리가 강단에서 뜨거운 진리를 선포할 필요가 있다고 주장했다. 하나님 말씀은 살아 계신 하나님과 만나는 수단이며, 설교는 그런 만남을 촉진해야 한다.

우리는 이 책에서 계속해서 설교와 설교자의 문제로 되돌아갈 것이다. 위에서 했던 말들의 결론으로, 설교는 주로 – 오직 그것만은 아니더라도 – 회중의 **마음**을 겨냥하고 있다는 사실에 유의하라. 여기서 나는 "마음"을 구약성경의 지혜 문학에서 뜻하는 의미로 사용한다. 마음은 한 사람의 핵심, 즉 생명의 근원이 거기에서 나오기에 보호되어야 할 필요가 있는 인간의 한 부분을 가리킨다(잠 4:23을 보라). 이것은 명제적이거나 감정적인 차원들이 빠져야 한다는 것이 아니라 그런 것이 설교를 지배해서는 안 된다는 뜻이다. 설교에는 언제나 인식적, 명제적 차원이 존재할 것이다. 하지만 설교가 강연이 될 경우, 그 설교는 변질된다. 내 경험에 따르면, 어떤 설교자들은 깊이와 엄밀함의 필요를 인정하기 때문에 설교를 오직 지성만을 만족시키려는 강연으로 변질시키고 말았다. 그런 설교들은 교훈적일 수는 있으나 실존적 만남을 통해 한 인간의 전체를 하나님의 현실을 향해 열어 놓지 못한다. 이와 비슷하게, 분명히 감정은 설교에서 어떤 역할을 감당한다. 그러나 우리 모두는 우리를 감정적으로 격동시키기는 하지만 하나님의 현실을 향해 자신을 열게 하는 데는 실패하고, 끊임없이 눈물을 짜내는 이야기들로 범벅이 된 설교들에 대해 알고 있다. 설교는 회중의 마음을 향해야 한다. 왜냐하면 우리가 하나님과 연결되는 것은 우리 존재의 가장 깊은 차원에서이기 때문이다.

03

기장
성령

만약 우리가 설교자와 삼위일체 항공의 관계에 대해 생각하고 있다면, 설교자를 설교(항공기)의 기장으로 여기는 것은 쓸모없는 일이다. 기장은 성령이시다. 하지만 그와 동시에 우리는 설교자에게 주어진 역할과 커다란 책임을 과소평가해서는 안 된다. 유진 피터슨(Eugene Peterson)은 그의 책 『목회자의 영성』(*The Contemplative Pastor*, 포이에마)에서, 만약 목회자 자신이 잔잔한 물가에서 살고 있지 않다면, 자기 양 떼를 그곳으로 이끌 방법을 알기는 어렵다고 말한다.[17] 이것은 설교에서도 마찬가지다. 만약 우

---

[17] Eugene Peterson, *The Contemplative Pastor* (Grand Rapids: Eerdmans, 1993), 5: "만약 내가 끊임없이 움직이는 상태에 있다면 그런 내가 어떻게 사람들을 잔잔한 물가에 있는 조용한 곳으로 이끌 수 있겠는가?"

리가 설교를 준비하는 과정에서 정기적으로, 그리고 특별하게 여행을 하지 않는다면, 어떻게 우리가 삼위일체 항공의 부조종사 노릇을 할 수 있겠는가? 하나님 말씀을 그분의 백성에게 가져가기 위해 준비하면서 그 말씀과 함께 살아갈 때, 우리는 스스로 거듭해서 그분의 임재 안에 머무를 필요가 있다. 우리가 말씀으로 온 회중을 그분에게 인도하는 수단이 되기 위해서는 먼저 말씀이 우리를 하나님께로 인도해야 한다.

이런 맥락에서 에드 스테처(Ed Stetzer)는 다음과 같이 말한다.

> 기도와 개인 경건 생활에 쓴 시간의 양을 볼 때, 많은 목회자들의 영적 삶의 활력에 관해 의문이 든다. 응답자의 52퍼센트가 매주 한 시간에서 여섯 시간을 기도에 쓰고 있는 반면, 5퍼센트의 사람들은 기도에 전혀 시간을 쓰지 않는다고 보고했다. 더 나아가, 52퍼센트의 사람들은 설교 준비와 상관없이 개인 경건 생활을 위해 일주일에 두 시간에서 다섯 시간을 쓰고 있다고 말한 반면, 14퍼센트의 사람들은 매주 개인 경건 생활에 1시간 미만을 사용하고 있다고 응답했다.[18]

---

18 Ed Stetzer, "How Protestant Pastors Spend Their Time," *Christianity Today*, December 29, 2009, www.christianitytoday.com/edstetzer/2009/december/how-protestant-pastors-spend-their-time.html.

이런 식의 기도 생활이 하나님의 백성을 하나님의 삶 속으로 보다 깊이 이끌어 가야 하는 지속적인 목회 사역을 어떻게 촉진할 수 있을지 헤아리기 어렵다. 목회자들이 최초의 열두 제자들과 같은 독특한 의미에서의 사도들은 아니다. 그러나 하나의 거룩하고 보편적이며 **사도적인** 교회 안에서는, 사도들의 사역과 목회자/설교자들의 사역 사이에 중요한 연속성이 존재한다. 사도행전 6장에는 헬라파 유대인 과부들이 음식을 분배받을 때 제외되는 것으로 인해 불만이 제기되었던 일이 기록되어 있다. 열두 사도는 "모든 제자"들을 불러 자기들이 말씀 사역을 제쳐 놓고 식사 시중을 드는 것이 옳지 않다고 말한다. 그렇게 해서 최초의 집사들이 임명되었고, 그로 인해 사도들은 기도와 말씀 사역에 전념할 수 있게 되었다.

여기서 우리는 성경적인 목회 사역의 커다란 특징 두 가지를 발견한다. 바로 기도와 말씀 사역이라는 특징이다. 오늘날의 목회 직무에는 목회자의 시간을 요구하는 여러 요소들이 존재한다. 나는 그 모든 것들이 부적절하다고 주장하지는 않는다. 예컨대, 상담에 대해 생각해 보자. 16세기 종교개혁가 울리히 츠빙글리(Ulrich Zwingli)가 옳게 보았듯이, 상담은 말씀 사역의 일부다. 내 경험에 따르면, 설교와 일대일 제자훈련과 영적 지도는 서로 연관되어 있다. 설교를 통해 우리는 그리스도 안에 있는 장성한 사람들과 갓 태어난 이들 모두에게 양식을 먹이려고 애쓰면서 하나님 말씀을 온 회중에게 전한다—이것은 결코 쉬운 일이 아니다! 영적 지도를 통해 우리는 하나님이 그의 삶 속에서 어떤 일을 하시고 무슨 말씀을 하시는지를 그 사람 본인이 깨닫게 하기 위해 그와 동행한다. 그러므로 기도와 말씀 사역은 지나치게 좁게 혹은 개인주의적으로 정의되어서는 안 된다.

그러나 기도와 말씀 사역에 대한 헌신이 목회 직무에서 가장 중요한 것이 되고 있지 않다면, 우리는 심각한 문제에 빠져 있는 것이다. 우리의 소비주의 문화는 만약 우리가 형식을 잘 갖추기만 하면 건강한 교회를 만들 수 있다고 여기도록 실질적으로 유혹하고 있으며, 우리 주위에는 우리가 그렇게 하도록 거들려는 수없이 많은 책들과 모임이 존재한다. 실제로 유진 피터슨은 그의 탁월한 책인『균형 있는 목회자』(*Working the Angles*, 좋은씨앗)를 미국에서 목회자들이 무리 지어 사역을 그만두는 것에 관한 보고서로 시작한다. 그들은 교회를 떠나지는 않으나, 자신의 교회를 기업체로 변모시키고 있다!

> 미국의 목회자들은 그들의 자리를 이런저런 모습으로, 그리고 놀라운 비율로 떠나고 있다. 그들이 교회를 떠나 다른 직업을 갖는 것은 아니다. … 하지만 그들은 자신의 자리를, 자신의 소명

을 버리고 있다. 그들은 다른 신들을 따라다니며 매춘을 하고 있다. 그들이 목회 사역이라는 가면을 쓰고 시간을 들여 하는 일은 교회의 목회자들이 지난 2천여 년의 세월 동안 해 왔던 일과 거의 아무런 관계가 없다. … 미국의 목회자들은 한 무리의 상점 주인들로 바뀌었고, 그들이 지키고 있는 상점은 교회들이다.[19]

교회 성장을 위한 기구가 정착되고 유지되고 순탄하게 작동해서 교회가 매끄럽고 능란하게 운용되는 조직처럼 기능할 때, 기도와 말씀은 목회자들의 시간과 에너지의 우선순위를 차지하지 못한 채 주변화되거나 아예 관심 밖으로 밀려난다. 이것은 비행기 조종사가 오직 그만이 훈련받은 일, 곧 비행기 운행하는 일을 무시하고 승객들에게 음료와 음식을 제공하고 그들과 함께 수다를 떠는 것과 같다 – 이는 아주 놀라운 일이다. 모든 교회 생활에는 조직적인 측면이 포함되어 있다. 그리고 이 차원의 일들은 잘 진행되어야 한다. 하지만 사도행전 6장의 요점은 이 일들은 다른 현명하고 성령 충만한 그리스도인들이 그 역할을 감당해야 할 은사라는 것이다.

피터슨은 그의 자서전 『유진 피터슨』(*The Pastor: A Memoir*, IVP)에서 자신이 어떻게 해서 자기가 섬기던 교회에서 거의 사임할 뻔

---

19 Eugene Peterson, *Working the Angles: The Shape of Pastoral Integrity* (Grand Rapids: Eerdmans, 1987), 1-2.

했었는지에 대해 말한다.[20] 그것은 너무 많은 회의들 때문이었다. 그런 상황은 그를 말씀과 기도에서 멀어지게 했다. 교회의 장로들은 그 문제에 멋지게 대응했다. "회의는 우리에게 맡기고, 목사님은 목사님의 주된 의무를 이행하십시오." 흥미롭게도 그는 회의에 불참하는 것이 얼마나 어려운 일이었는지에 대해 말한다. 그는 장로들이 그렇게 하지 말라고 할 때까지 계속해서 회의에 참석했다!

회의는 감지할 수 있다. 회의록이 만들어진다. 그리고 우리는 성취된 일을 손가락으로 가리킬 수 있다. 반면에 기도와 말씀에 대한 헌신은 숨겨져 있다. 우리의 성부께서 그러신 것처럼, 그것들은 "은밀한 중에" 있고 "눈에 보이지 않는다"(마 6:6). 이것이 그들의 영광이다. 하지만 안타깝게도 교회 지도부가 목회자들을 그런 측면에서 평가하는 경우는 아주 드물다. 목회자가 얼마나 자주 "삼위일체 항공"에 탑승하는지에 대한 보고를 요구하는 연례 평가에 대해 상상해 보라! 우리는 목회자들에게 정기적으로 묵상을 위한 시간을 갖고 있는지 물어본 적이 있는가? 당신은 과연 목회자들이 그런 활동을 위해 충분한 시간을 얻고 있는지에 관심을 보이는 회의에 참석해 본 적이 있는가?

우리 시대의 좋은 징조 중 하나는, 유진 피터슨, 조이스 허기트

---

20 Eugene Peterson, *The Pastor: A Memoir* (New York: HarperOne, 2011).

(Joyce Huggett), 마거릿 실프(Margaret Silf), 그리고 다른 많은 이들의 책을 통해, 기도라는 의식(practice)이 회복되고 있다는 점이다. 개신교 전통 안에는 기도와 관련된 자원들이 풍성하지 않다. 그리고 복음주의자들은 가톨릭 형제자매들로부터 나온 묵언, 묵상, 이그나티우스 스타일의 기도, 영적 지도, 거룩한 독서(lectio divina), 그리고 다른 여러 가지 것들을 전용하고 있다. 이런 일이 건강하게 이루어질 때, 말씀은, 마땅히 그래야 하듯이, 그런 갱신에 있어 핵심적인 것이 된다.

이 인용문의 출처를 찾아내지는 못했으나, 언젠가 나는 "우리는 교회에 기도를 돌려주어야 할 필요가 있다."라는 말을 들은 적이 있다. 만약 우리의 지도자들 자신이 기도와 말씀의 사람이 아니라면, 상황이 그렇게 될 가능성은 없다. 종종 나는 내가 가르치는 학생들에게 목회 사역과 관련해서 두 가지 사항을 말한다. 첫째, 잘만 하고 있다면 목회만 한 것이 없다. 목회는 풍요롭고, 많은 보상을 해 주고, 놀랄 만한 만족을 주는 일이다. 둘째, 직접 경험하는 목회 직무는 밖에서 보았을 때와는 아주 다르다. 목회 직무는 **매우 공적이다.** 목회자는 매주 말씀을 전하기 위해 강단에 선다. 아무것도 더 하고 싶지 않은 날들이 있다. 또한 할 수만 있다면 그것으로부터 도망치고 싶은 날들이 있다! 만약 우리가 더 깊이, 그리고 더 현명하게 하나님의 삶 속으로 들어가 살고 있지 않다면, 도대체 어떻게 그런 삶을 지속할 수 있겠는가?

생각해 보면, 교회가 목회자를 임명하는 것은 아주 이상한 일이다. 모든 그리스도인은 하나님의 전임 사역자들이다(참조, 롬 12:1-2). 그런데 왜 교회가 목회자를 임명하는가? 내 생각에는 피터슨이 제대로 이해한 것 같다. 다양하고 힘든 일들을 하며 살아가는 양 무리가 목회자를 임명해서 **자기들이 하나님께 주목하도록** 이끌어 가게 하는 것이다![21] 그렇게 하기 위한 주된 수단은 기도와 말씀 사역이다. 모든 사역자들이 조만간 깨닫게 되는 것처럼, 사역자는 그 자신의 삶을 살고 유지해 가면서 자기 양 떼를 돌보아야 한다. 그것은 결코 쉬운 과업이 아니다. 만약 우리 스스로가 매일 하나님께 주목하지 않는다면, 그런 일은 가능하지 않다.

---

21 Peterson, *Working the Angles*, 2.

04

도착지에서 바라보는 광경

하나님이 중심에 계시는 피조 세계

　공항에 도착하는 것이 여행의 끝은 결코 아니다. "삼위일체 항공"의 경우에는 그렇게 보일 수도 있으나, 일단 우리가 도착지에서 경관을 살피기 시작하면, 우리 앞에 훨씬 더 많은 것들이 기다리고 있음이 분명해진다.

　제법 비행기 여행을 해 본 사람으로서 나는 공항이 내게 기쁨을 준다고 말하기 어렵다. 특별히 난기류를 타고 비행한 끝에 살아남은 경우가 아니라면, 내가 비행기에서 내리면서 땅에 입을 맞추는 일은 결코 없을 것이다. 하지만 삼위일체 항공의 경우는 상황이 완전히 다르다. 그 항공사에는 오직 하나의 목적지만 존재하며, 그 도착지에서 바라보는 광경은 장엄하다. 우리는 참되고 살아 계신 하나님의 현실에 의해 압도된다. 그분은 사냥꾼, 전사, 왕이시며, 무한한 속도로 다가오시는 하나님이시다. 경외, 사랑, 거룩함, 그리고 신비가 결합해 우리가 도착한 곳을 우리 여행의 목적지로 만들어 준다.

그 광경이 너무 장엄하기에 우리는 변화산에서 베드로가 그랬던 것처럼, 이렇게 말하고자 하는 유혹을 받는다. "여기에 캠프를 세우고 경치를 즐기자."[22] 베드로처럼 우리도 "주여, 우리가 여기 있는 것이 좋사오니"라고 말할 수 있다(눅 9:33). 그리고 실제로 그러하다! 하지만, 도착지에서 바라보는 광경에는 그것에 대한 우리의 좋은 경험 이상의 무언가가 있다. 베드로는 영광에 휩싸인 예수님의 모습에 압도되어 예수님께 그곳에 머무시라고 제안했다. "우리가 초막 셋을 짓되 하나는 주를 위하여, 하나는 모세를 위하여, 하나는 엘리야를 위하여 하사이다"(눅 9:33). 예수님이 예루살렘에서 이루실 그분의 "탈출"(exodus)에 대해 논의했던, 구약성경의 율법과 선지자의 위대한 대표자인 모세와 엘리야와 달리, 그 과정에서 베드로는 변화의 의미를 놓치는 위험에 빠지고 말았다. 영광 중에 계신 예수님은 모든 피조물을 이끌어 죄와 굴레로부터 탈출시키는 여행을 하고 계신 중이었다. 그런데 베드로는 예수님

---

22 "주여 우리가 여기 있는 것이 좋사오니 우리가 초막 셋을 짓되 하나는 주를 위하여, 하나는 모세를 위하여, 하나는 엘리야를 위하여 하사이다"(눅 9:33)

께 "여기에 머뭅시다!"라고 말했던 것이다. 그러니 누가가 목소리를 낮춰 "자기가 하는 말을 자기도 알지 못하더라"라고 말한 것은 놀랄 일이 아니다.

여호와 항공은 우리를 여호와께 데려다준다. 혹은, 바울이 말하듯, 우리는 "그리스도 안에서" 우리 자신을 발견한다. 구약성경에서 하나님을 가리키는 주된 이름인 "여호와"에 대해 숙고하는 것은 가치 있는 일이다. 무엇보다도 여호와는 이스라엘을 종살이에서 구해 내시고 그 민족을 자기에게로 이끄시는 구속자 하나님의 이름이다(출애굽기 3장과 6장을 보라). 그 이름은 이스라엘을 향해 "나는 너희의 하나님이 되고 너희는 나의 백성이 되리라"라고 말씀하시는 '언약의 하나님'으로서의 하나님에 대해 말한다. 그러나 구약성경은 구속주이신 여호와가 또한 창조주이심을 아주 분명하게 밝힌다. 그러므로 하나님의 구속 목적은 언제나 하나님의 피조물 전체를 위한 하나님의 목적을 포함한다.

창세기 1:1-2:3에서는 고대 근동에서 일반적으로 하나님을 지칭하던 "엘로힘"(*elobim*)이라는 단어가 사용된다. 하나님과의 관계성을 지니고 인간이 이야기 속으로 들어오는 창세기 2:4-24에서는 하나님의 이름이 "여호와 하나님"(Yahweh *elobim*)이라는 특별한 조합으로 바뀐다. 신학적으로 이것은 매우 중요하다. 관계적인 언약의 하나님 여호와는 바로 창조주 하나님 엘로힘이시다. 더 나아가, 빌 덤브렐(Bill Dumbrell)이 주장했듯이, 구약성경의 언약에 대한 상세한 연구는 창세기 1장이 기본적인 언약적 본문임을 알려 준다. 구약성경의 언약과 신약성경의 하나님 나라는 "단지" 개인 구원과 교회와만 관련된 것이 아니라(물론 이 두 가지는 확실히 관련되기는 하지만) 자신의 모든 피조물이 새 하늘과 새 땅으로 변화될 때까지 해방으로 이끌고자 하시는 하나님의 계획과 관련된 것이기도 하다.[23] 그리고 여호와/예수님은 이 우주적 구속의 행위자이시다.

목적지에 도착하면 우리는 분명히 헬렌 호워스 렘멜(Helen Howarth Lemmel)의 찬송가 중 잘 알려진 후렴 부분을 노래하고 싶은 마음이 들 것이다.

> 너의 눈을 돌이켜 예수를 보라.
> 그의 놀라운 얼굴을 똑바로 바라보라.
> 그러면 세상의 일들이
> 그분의 영광과 은혜의 빛 안에서
> 점점 낯설게 희미해질 것이다.

나는 내가 사람들에게 많은 사랑을 받는 이 찬송가의 의도를

---

[23] William J. Dumbrell, *Covenant and Creation* (Exeter, UK: Paternoster, 1984).

이해한다고 생각한다. 하지만 이 찬송가는 "영적인 것"과 비교해 "세상적인 것"을 폄하하는 플라톤적이고 내세적인 세계관을 드러내는 위험에 빠져 있다. 나는 이렇게 노래하는 것이 훨씬 더 성경적인 것이 되리라고 여긴다.

> 너의 눈을 돌이켜 예수를 바라보라.
> 그의 놀라운 얼굴을 똑바로 바라보라.
> 그러면 세상의 일들이
> 그분의 영광과 은혜의 빛 안에서
> 제자리를 얻을 것이다.[24]

여호와를 만나는 것은 세상으로부터 돌아서는 것이 결코 아니다. 오히려 그것은 그분의 피조물인 세상 – 성경의 용어로 하자면 그분의 "발등상"(사 66:1; 행 7:49; 마 5:35) – 을 향해 돌아서는 것이다. 피조물은 절대로 하나님과 동일시되어서는 안 된다. 하지만 피조물은 하나님의 작품으로서 큰 위엄과 가치를 지니고 있다. 예수 그리스도와 만나는 것은 메시아이자 왕이신 예수님을 만나는 것이다. 모든 피조물을 다스리시는 것이 아니라면 예수님이 어떤 영역을 다스리시겠는가? 신약성경에서 교회는 하나님 나라의

---

[24] 이 찬양은 고힌 가족(Goheen family)이 수정한 것이다.

중심이다. 교회는 하나님 나라의 징표이다. 하지만 교회를 하나님 나라와 동일시해서는 안 된다. 하나님이 예수님을 통해 그분의 모든 피조물에 대해 갖고 계신 목적을 회복하시는 일에 있어서, 하나님 나라는 교회보다 더 크고 광범위하다.

내가 한동안 가르쳤던 무어신학교와 조지 휫필드 대학의 학장을 역임한 데이비드 브로튼 녹스(David Broughton Knox)는 우리가 그리스도를 중심으로 모일 때 그리스도는 그분의 얼굴을 세상으로 향하고 서 계시다고 말했는데, 그때 그는 예리하게도 그런 통찰력을 가지고 있었다! 도착지에서 바라보는 광경의 중심에는 하나님이 계신다. 하지만 이 도착지가 그 광경의 중심이라는 바로 그 이유 때문에, 거기에는 피조 세계 전체의 경관이 포함되어 있다. 그것은 우리가 종종 상상하는 것보다 훨씬 큰 광경이다. 우리의 설교에서는 반드시 **왕이신 하나님이** 중심이 되어야 한다. 그러나 하나님이 중심이라는 바로 그 이유 때문에, 모든 피조 세계가 하나님이 권리를 주장하시는 **하나님 나라**로 보이게 될 것이다. 당연히 그럴 수밖에 없다.

이에 대해 달리 말한다면, 우리가 하나님을 여호와로 만날 때, 혹은 예수님을 메시아로 만날 때, 비로소 우리는 우리가 누구인지를, **그리고** 우리 세상의 참된 본질과 참된 이야기를 발견하게 된다는 것이다. 역사에서는 때때로 이것을 직접 목격하는 새로운 회심자들이 나타난다. 우리 대부분은 베드로 편에 훨씬 더 가깝다.

아마도 18세기 가장 위대한 기독교 사상가는 독일 철학자 요한 게오르크 하만(Johann Georg Hamann, 1730-1788)일 것이다. 요즘 그의 저서에 대한 관심이 되살아나고는 있으나, 그는 마땅히 그래야 할 만큼 잘 알려져 있지는 않다. 하만은 쾨니히스베르크(Königsberg) 대학교에서 공부했는데, 그곳에서 당대의 계몽주의 정신을 받아들였다. 졸업 후에는 가족의 친구가 운영하는 회사에서 일했다. 그는 어떤 외교적인 임무를 띠고 런던으로 파견되었는데 그만 일이 크게 잘못되고 말았다. 그로 인해 하만의 삶도 엉망이 되었고, 결국 그는 돈도 없이 절망적이고 외로운 처지가 되어 어느 호텔 방에 처박혔다. 그곳에서 그는 성경을 읽기 시작했다. 처음에 성경은 그에게 아무런 영향을 주지 못했다. 하지만 그는 다시 시도했고 철저하게 회심하기에 이르렀다. 하만의 회심에서 놀라운 것은, 성경이 두 가지 일을 한다는 사실을 그가 즉각 깨달았다는 것이다. ⑴ 성경은 우리 자신을 우리 자신에게 설명해 준다. ⑵ 성경은 세상의 실제 특성을 우리에게 설명해 준다.

하만이 쾨니히스베르크로 돌아갔을 때, 하만의 회사는 그를 반겨 주었다. 하지만 그의 믿음에 대해 깊이 우려했던 회사는 그가 계몽주의에 대한 믿음을 다시 회복할 수 있도록 쾨니히스베르크 대학교의 유망한 젊은 철학자 임마누엘 칸트(Immanuel Kant, 1724-

1804)에게 도움을 청했다. 그러나 하만이 계몽주의와 철저하게 겨룰 수 있었던 것은 성경이 하는 일에 대한 그의 통찰 때문이었다. 칸트가 그의 첫 번째 *Critique*(비판)를 출판하기도 전에 하만은 어떤 이들이 그 책에 대한 가장 날카로운 비판이라고 여기는 글을 썼다.

하만은 "도착지에서 바라보는 광경"을 이해했고 그로 인해 그가 살고 있던 시대에서 참으로 통찰력 있는 선교 사역을 수행할 수 있었다. 단순히 성경이 무엇인지에 대해서가 아니라 성경이 어떤 일을 하는지에 대한 그의 이해는, 그로 하여금 복음과 계몽주의 문화의 깊은 만남을 촉진할 수 있게 했다. 내 방식대로 표현하자면, 그는 성경이 온 세상에 관한 참된 이야기를 전한다는 것을 이해하고 있었다.[25]

하나의 이야기가 이것이 의미하는 바를 예시해 줄 것이다. 레슬리 뉴비긴(Lesslie Newbigin)은 선교사로서 인도에서 얼마간 살고 있을 때, 고등 교육을 받은 힌두교인 친구가 다음과 같이 말하는 것을 듣고 도전을 받았다.

---

25 Craig G. Bartholomew and Michael W. Goheen, *The Drama of Scripture: Finding Our Place in the Biblical Story*, 2nd ed. (Grand Rapids: Baker Academic, 2014, 『성경은 드라마다』, IVP), and Bartholomew and Goheen, *The True Story of the Whole World* (Grand Rapids: Faith Alive, 2009).

성경을 읽을 때 나는 그 안에 우주의 역사에 대한 아주 독특한 해석이 있다는 것을, 그러하기에 역사 속에서 책임 있는 행위자로서 살아가는 인간에 대한 독특한 이해가 있다는 것을 발견합니다. 당신들 그리스도인 선교사들은 성경이 단지 종교에 관한 또 하나의 책인 것처럼 말해 왔습니다. 우리 인도에는 이미 그런 책들이 아주 많습니다. 그리고 우리는 그런 도서 목록에 또 다른 것을 첨가할 필요가 없습니다.[26]

뉴비긴의 친구가 지적하듯이, 성경이 독특한 점은 보편사를 다룬다는 점이다. 다시 말해, 성경은 온 세상의 참된 이야기를 전한다는 것이다. 유대인 문헌학자 에리히 아우어바흐(Erich Auerbach)는 그의 고전적인 저서 『미메시스』(*Mimesis*, 민음사)에서 그런 이해에 도달한다. 거기에서 그는 성경의 "전체주의적" 특성을 언급한다. 성경은 우리를 압도하고, 현실에 대한 성경의 해석은 참된 것이라고 주장한다.[27] 우리의 삶은 오직 그것이 그 일부를 이루는 내러티브의 맥락에서만 뜻이 통한다는 통찰은 철학, 신학, 선교학, 그리고 여러 다른 학문 분야에서 나타나고 있는 내러티브 중요성의 반가운 회복과 연결되어 있다. 우리의 세계관들은 가장 깊은

---

26 Lesslie Newbigin, *The Gospel in a Pluralist Society* (Grand Rapids: Eerdmans, 1989, 『다원주의 사회에서의 복음』, IVP), 89.
27 Erich Auerbach, *Mimesis: The Representation of Reality in Western Literature* (Princeton, NJ: Princeton University Press, 2013).

차원의 메타내러티브(metanarrative, 거대 담론) 혹은 세상에 관한 웅장하고 포괄적인 이야기들에 근거하고 있다. 내러티브는 성경이 무슨 일을 하는지를 우리가 이해하는 데 특별하게 유익한 수단을 제공한다. 우리는 성경이 충분히 믿을 만한 하나님의 말씀이라는 것을 안다. 하지만 성경은 어떻게 그런 것으로서 기능하는가? 도대체 성경은 어떤 일을 하는가? 교회에, 그리고 특히 설교자에게 이보다 더 중요한 문제는 또 없다. 성경은 내러티브 혹은 이야기라는 렌즈를 통해 - 이것을 '성경은 비역사적'이라고 생각하는 것과 혼동하지 말라 - 온 세상의 참된 이야기를 전하는 책으로 간주되어야 한다.

어느 의미에서 이것은 그다지 분명하지 않다. 성경은 66권(당신이 가톨릭 신자라면 73권)의 책들의 모음집이다. 즉 일종의 도서관이다. 이런 의미에서, 강이 다양한 지역들을 통과해 먼 길을 흐르면서 자취를 남기는 것처럼, 나는 성경이 하나님께서 이스라엘과 함께하시는 여행의 침전물이며 그 여행은 그리스도 사건에서 절정에 이르는 것이라고 여기기를 좋아한다. 다른 의미에서, 성경이 창조로부터 새 창조에 이르는 이야기를 전하고 있음은 너무나 분명하기에 오히려 우리는 이 중요한 통찰을 쉽게 간과한다. 피터슨의 말을 빌리자면, 성경은 웅장하고, 자유롭게 뻗어나가는, 광

대한 메타내러티브다.[28] 성경은 포괄적이고 다층적인 구조를 갖고 있다. 그러므로 만약 우리가 성경을 온전히(전체적으로) 이해하고, 또한 성경에 온전하게(전체적으로) 사로잡히고자 한다면, 이 점을 고려하는 것이 필수적이다. 바로 그것이 "성경 전체로"(tota Scriptura)라는 말이 의미하는 것이다.

오늘날 성경을 통일성 있게 이해하고 성경에 실제로 사로잡히는 것은 굉장히 중요하다. 스코틀랜드의 신학자 제임스 오르(James Orr, 1844-1913)와 네덜란드의 박식한 학자 아브라함 카이퍼(Abraham Kuyper, 1837-1920)는, 현대성은 유사하게 통일된 기독교 세계관에 의해서만 반응할 수 있는, 삶의 모든 것에 대한 통일된 비전을 바탕으로 작동한다고 같은 시대에 간파한 바 있다.[29] 그런 세계관은 성경의 통일된 관점에 의해 인정을 받아야 할 필요가 있다. 그리고 성경 전체에 대한 내러티브적 읽기는 이 점에 있어 불가결한 요소이다. 복음주의자들은 성경을 교회의 삶의 핵심으로 만드는 일에서 중요한 역할을 감당해 왔다. 그러나 안타깝게도 종종 파편화되고 단편적인 방식으로 그렇게 해 왔다. 오늘날 주류

---

28 Eugene Peterson, "Living into God's Story," originally posted on *The OOZE: Conversation for the Journey*, http://www.biblicaltheology.ca/blue_files/Living%20into%20God's%20Story.pdf.

29 Michael W. Goheen and Craig G. Bartholomew, *Living at the Crossroads: An Introduction to Christian Worldview* (Grand Rapids: Baker Academic, 2008, 『세계관은 이야기다』, IVP)을 보라.

교단들이 채택하고 있는, 교회의 삶 속으로 스며든 포괄적인 메타내러티브를 거의 의식하지 않는, 성구집 방식의 접근법 역시 그보다 낫지는 않았다. 교회력은 이와 관련해 굉장한 잠재성을 지니고 있다. 그러나 다시 말하지만, 실제로 거기에서는 창조로부터 새 창조에 이르는 웅장한 이야기를 발견하기는 어렵다.

하나의 웅장한 이야기로서 성경이 단지 교회에 관한 이야기가 아니라 교회가 핵심적 일부를 이루는 세상에 관한 이야기를 하고 있다는 사실에 주목하는 것이 중요하다. 성경 전체에 대한 이야기식 접근법(narrative approach)은 우리에게 다음 내용을 환기시킨다.

> 성경의 통일된 이야기
> **온 세상**에 관한 이야기로서의 이야기
> 온 세상에 관한 **참된 이야기**로서의 이야기

만약 우리가 성경이 하는 일을 이해하고자 한다면, 이런 각각의 요소들을 이해하는 것이 중요하다.

성경의 통일된 이야기

최근 들어 성경을 5막 혹은 6막으로 구성된 드라마로 분석하는 것이 유익한 것으로 입증되고 있다.[30] 마이클 고힌(Michael Goheen)과 나는 성경을 6막으로 구성된 드라마로 여길 것을 제안한다.

1. **하나님이 그분의 나라를 세우시다:** 창조
2. **그 나라 안에서의 반역:** 타락
3. **왕이 이스라엘을 택하시다:** 구속의 시작
   - 왕의 백성
   - 땅, 하나님의 백성을 위한 왕

막간: 끝을 기다리는 하나님 나라 이야기: 신구약 중간기

4. **왕의 오심:** 성취된 구속
5. **왕에 대한 소식의 전파:** 교회의 사명
   - 예루살렘에서 로마로
   - 그리고 온 세상 속으로
6. **왕의 귀환:** 완성된 구속

---

30 성경의 메타내러티브에 대한 분석 안에서 내러티브와 드라마의 관계에 관해서는, Craig G. Bartholomew, *Introducing Biblical Hermeneutics: A Comprehensive Framework for Hearing God in Scripture* (Grand Rapids: Baker Academic, 2015)를 보라. 5막 드라마로서의 성경에 대해서는, N. T. Wright, *The New Testament and the People of God* (Minneapolis: Fortress, 1992), 141-42를 보라. 6막 드라마로서의 성경에 대해서는, Bartholomew and Goheen, *Drama of Scripture*를 보라. 또한 Biblica에 의해 출판된 성경의 다양한 판본들 안에 실려 있는 6막 드라마로서의 성경에 대한 탁월한 서문을 보라.

성경의 드라마는 하나님이 자신을 드러내시고 세상에 구원을 가져다주기 위해 택하신 놀라운 방식을 환기시킨다. 예컨대, 하나님은 우리에게 - 비록 우리가 그런 문서들을 존중하는 것이 옳기는 하지만 - 하늘로부터 39개조 신조(성공회)나 하이델베르크 요리문답(개혁주의)을 계시하시지 않는다. 그 대신에 하나님은 한 백성을 지으셨고 고대 근동의 이스라엘이라는 국가의 삶에 집중하셨다. 바로 그것이 우리가 하나님의 점진적인 계시에 대해 말할 때 의미하는 내용이다. 하나님의 계시는 **역사를 통해** 오랜 세월에 걸쳐 주어진다. 이스라엘은 고대 근동의 한 나라였고, 그 나라의 문학은 그 지역의 문화적 상황의 모든 특징을 갖고 있다. 그 나라의 법은, 몇 가지 중요한 차이점에도 불구하고, 고대 근동의 법이었다. 그 나라의 예배 형태는, 아주 중요한 몇 가지 차이점에도 불구하고, 고대 근동의 일반적 방식을 따라 처음에는 성막에, 그리고 그 후에는 성전에 집중되었다.

성경의 일부인 3막의 문헌은 오늘날 우리에게도 권위 있는 것으로 남아 있다. 그러나 우리가 하나님의 말씀을 듣기 위해 그런 문헌에 귀를 기울일 때는 3막과 5막 사이의 차이를 고려해야 한다. 셰익스피어가 쓴 미완성 희곡이 발견되고 연기자들에게 전해져 그들이 그 미완의 원고를 바탕으로, 그리고 자기들이 셰익스피어의 작품에 대해 알고 있는 모든 것을 토대로 즉흥적으로 드라마를 실연하는 상황에 관한 톰 라이트(Tom Wright)의 유비가 도움이 된다.[31] 그것은 설교가 요구하는 고된 작업을 우리에게 상기시킨다!

한편으로 성경의 이야기는 놀라울 만큼 계시적이다. 그것은 우리에게 세상을 이해하기 위한 해석학을 제공하며, 교회인 우리가 그 웅장한 이야기의 어느 부분에 들어맞는지를 분명하게 보여 준다. 또한 우리는 그 이야기가 어떻게 끝날지 알고 있다. 신학적으로 우리는 이것을 성경의 명확성과 연결시킬 수 있다. 성경에서는 획기적인 사건들과 진리들이 분명하게 제시되는데 그것들은 성경학자들과 언어학자들에게 이해되기를 요구하지 않는다. 그러나 "명확성"은 하나의 은유다. 그리고 이 은유의 안쪽에 있는 진실은 성경의 많은 부분이 명확하지 않다는 것이다. 지금 우리는 성경이라는 드라마의 1-3막이나 6막이 아니라 5막에 살고 있다. 그러나 이 모든 다른 막들은 5막과 상관이 있고, 설교자들은 이런 막들이 오늘 우리의 삶에 계속해서 영향을 주고 우리의 삶을 지배하는 방식을 식별해야 하는 고된 작업을 하도록 요구받고 있다. 한편 성경의 중심은 4막이다. 그리고 그리스도 사건은 그 드라마의 앞과 뒤로 빛을 비춘다. 그리스도 사건은 1-3막과 분리해서는 이해될 수 없다. 하지만 그 사건은 근본적으로 새롭고 예기치 못했던 폭

---

31 Wright, *New Testament and the People of God*, 140-43.

발적인 소식이기도 하다.

 그런데 이것은 하나님의 전임 사역자들인 성도들이 설교와 말씀 사역에 재능 있는 이들을 곁에 두는 **한 가지** 이유이기도 하다. 우리가 설교자들과 목회자들을 구별해 성경 연구에 몰두하게 하는 것은 그들이 성경에서 분명하지 않은 내용을 점차 분명하게 밝힐 수 있게 하기 위함이다. 그러면 오늘날의 교회는 하나님의 모든 뜻을 보다 온전하게 자신의 것으로 삼을 수 있게 된다. 이 엄중하고 도전적인 과업은 과소평가되어서는 안 된다.

 나는 브레바드 차일즈(Brevard S. Childs, 1923-2007)가 궁극적으로 성경은 하나님의 말씀이고 그분은 통일된 음성으로 말씀하시므로 "일치와 다양성"(unity and diversity)은 성경을 숙고하는 데 도움이 되지 않는 방식이라고 보았던 것이 옳다고 생각한다.[32] 그러나 성경은 역사적으로나 문화적으로 다양하며 특별하다. 만약 성경을 제대로 읽고자 한다면, 우리는 이런 종류의 다양성을 고려해야만 한다.

 이것은 직접 오늘 우리의 상황에 적용해 읽을 수 있는 구약성경의 구절들에도 해당된다. 제1계명을 예로 들어 보자. "너는 나 외

---

[32] B. S. Childs, *Biblical Theology of the Old and New Testaments: Theological Reflections on the Christian Bible* (Minneapolis: Fortress, 1992), 725.

에는 다른 신들을 네게 두지 말라"(출 20:3; 신 5:7). 나는 우리가 우선 이 계명을 성막이나 성전에서 다른 신들 – 구약성경이 "우상"이라고 부르는 것 – 을 여호와 "옆에 나란히" 두는 것을 금하는 것으로 이해하는 게 옳다고 여긴다. 성전 안에 다양한 신들을 두는 것은 고대 근동에서는 일반적인 일이었다. 하지만 여호와께서는 시내산에서 이스라엘 백성과 언약을 체결하실 때 그것을 금하셨다. 그렇게 해서 하나님의 백성 중에서는 그 어떤 형태의 혼합주의적 예배도 엄격하게 금지되었다. 이스라엘의 역사를 통해 우리는 이것이 거듭해서 그들에게 실제적 유혹이 되었다는 것을 알고 있다. 하지만 도대체 그것이 오늘 우리에게는 어떤 의미가 있는가? 오늘 우리는 바알, 몰렉, 혹은 고대 근동의 다른 신들을 섬기려는 유혹에 빠지지 않는다. 설교자는 하나님의 백성이 되기 위한 이런 기준이 오늘 우리의 상황 속에서 어떤 의미를 갖는지 그 답을 알아낼 필요가 있을 것이다. 이제 우리는 이 문제에 관해 좀 더 살필 것이다.

온 세상에 관한 이야기로서의 성경

성경을 적용하는 일은 늘 어떤 상황 속에서 발생한다. 그런 일이 발생하는 가장 큰 상황은 세상이라는 상황이다. 성경은 세상에 관한 참된 이야기를 전하며 그렇게 함으로써 오늘 그 세상 안에

속해 설교하고 있는 우리의 상황을 이해하는 데 꼭 필요한 단서들을 제공한다.

성경은 무엇보다도 하나님의 백성을 향한 하나님의 말씀이다. 어떤 성찬식에서 예배를 인도하는 이가 빵과 포도주를 나누기 전에 "이것은 하나님의 백성에게 주시는 하나님의 선물입니다."라고 선포하는 것과 마찬가지로, 성경 역시 하나님의 백성에게 주시는 하나님의 말씀이다. 이런 의미에서 교회는 성경을 받기 위한 우선적인 장소다. 하지만 이것은 성경의 이야기가 "단지" 교회에 관한 것만이라는 의미는 결코 아니다.

20세기의 기독교는 구속/구원과 창조의 관계를 이해하는 일에 있어서 이원론에 물들어 있다. 그러나 만약 우리가 성경의 이야기를 성경이 시작하는 곳에서 시작한다면, 그때 우리는 하나님을 창조주로, 그리고 그분의 모든 피조물을 가장 진지하게 여길 수밖에 없을 것이다. 고든 스파이크만(Gordon Spykman, 1926-1993)은 복음주의 그리스도인들이 너무 빨리 사도신경의 두 번째 조항-그리스도-에 대한 믿음으로 나아가기 때문에 자주 첫 번째 조항, 즉 창조에 대한 믿음을 무시하고 있다고 지적한다. 이런 점에서 그는 복음주의 안에서 나타나고 있는 창조 교리의 소멸에 관해 말한다.[33] 그런 소멸과 관련된 문제는, 만약 견고한 창조 교리가 없다

---

33 Gordon J. Spykman, *Reformational Theology: A New Paradigm for*

면, 우리는 필연적으로 십자가와 구속을 오해하게 된다는 것이다.

우리가 성경이 시작하는 곳에서 시작하는 것은 우리로 하여금 하나님이 온 세상을 창조하신 것을 진지하게 다루도록, 그리고 성경 드라마의 1막이 어떻게 다른 막들과 연관되는지에 대해 묻도록 만든다. 예컨대, 타락은 하나님이 창조에 대한 그분의 목적을 포기하시고 영혼 구원에 집중하셔야 한다는 것을 의미하는가? 그렇지 않다면 - 그리고 나는 분명히 그렇지 않다고 생각한다! - 구속은 창조와 어떻게 연관되는가?

바로 여기가 내러티브와 성경 신학이 중요해지는 지점이다. 구약성경에서 창조와 구속의 관계를 이해하는 가장 유용한 길은 언약 신학을 이해하는 것이다.[34] "언약"(berit)이라는 단어는 하나님이 노아와 언약을 맺으시는 장면을 묘사하는 창세기 6:18에서 처음으로 등장한다. 빌 덤브렐(Bill Dumbrell)은 이것이 어떻게 뒤로 돌아가 창조 언약을 가리키는지를 설명한 바 있다. 창세기 12:1-3에서는 "복"(bless)이라는 단어가 여러 형태로 다섯 차례 나타나는데, 이는 창세기 1-11장에서 여러 형태로 여섯 차례 나타나는 "저주"라는 단어(창 3:14, 17; 4:11; 5:29; 8:21; 9:25)에 대응한다. 이것

Doing Dogmatics (Grand Rapids: Eerdmans, 1992).

[34] 참고. Craig G. Bartholomew, "Covenant and Creation: Covenant Overload or Covenantal Deconstruction," *Calvin Theological Journal* 30, no. 1 (1995): 11-33.

이 주는 메시지는 분명하다. 하나님은 아브라함과 그의 후손들을 통해 자신의 모든 피조물에게 복을 내리시겠다는 자신의 계획을 회복시키실 것이다. 아브라함을 부르시고 선택하신 것은 그 자체가 목적이 아니라 오히려 열방에 복을 전하기 위한 수단으로 간주되어야 한다. 신약성경에서 "아브라함의 후손"(마 1:1; 눅 3:34)인 예수에 대한 묘사를 마주할 때, 우리는 이 신학의 모든 내용을 고려할 필요가 있다.

신약성경에서 창조와 구속의 관계를 이해하는 주요한 단서는 예수님의 가르침의 주된 주제인 하나님의 나라/천국 안에서 발견된다. 하나님의 나라는 모든 피조물에 대한 이스라엘 하나님의 통치와 관련되어 있다. 그리고 신약성경은 그리스도 안에서 그 나라가 이미 왔으며 새 하늘과 새 땅의 도래를 알리기 위해 그리스도가 돌아오시는 역사의 종말에 완성될 것이라고 선언함으로써 미래에 관한 유대인들의 희망(종말론)을 재형성한다. 교회는 하나님 나라의 표지다. 그러나 '하나님의 통치'로서의 하나님 나라는 교회보다 훨씬 더 크다. 빌립보서 2장의 찬송에서 바울은 우리가 말하려 하는 내용을 포괄적으로 포착한다. 빌립보서 2:10-11에서 바울은 이렇게 말한다. "하늘에 있는 자들과 땅에 있는 자들과 땅 아래에 있는 자들로 모든 무릎을 예수의 이름에 꿇게 하시고 모든 입으로 예수 그리스도를 주라 시인하여 하나님 아버지께 영광을

돌리게 하셨느니라."

  기독론의 측면에서 우리는 예수님이 선호했던 자기에 대한 칭호가 "인자"(Son of Man)였다는 점에 주목할 필요가 있다. 그것은 복음서 밖에서는 많이 사용되지 않으나 복음서 안에서는 예수님이 자주 언급하시는 용어다. 내 생각에 예수님은 일부러 "메시아"보다 이 표현을 택하셨다. 메시아라는 용어는 그가 처해 있던 상황에서는 너무 폭발력이 강했기 때문이다. 그는 십자가로 이어지는 사건들을 일으키게 될, 자신에 대한 반대를 유발할 준비가 된 후에야 비로소 분명하게, 그리고 공적으로 메시아로서 "나타나신다." 구약성경에서 "인자"는 두 번에 걸쳐 중요하게 언급된다. 우선, 에스겔서에서 그 단어는 인간의 약함을 의미한다. 다음으로, 다니엘 7장에서 그 단어는 참으로 왕다운 인물을 가리킨다. 다니엘 7:14에서 "인자 같은 이"는 "권세와 영광과 나라를 얻는다. 모든 백성과 나라들과 다른 언어를 말하는 모든 자들이 그를 섬긴다. 그의 권세는 소멸되지 아니하는 영원한 권세요 그의 나라는 결코 멸망하지 않을 것이다". 다니엘 7장은 예수님의 자기 이해를 위한 주된 배경이 되는데, 여기서의 관점은 예수님을 만유의 왕으로 여기는 것이었다.

  혹자는 교회가 어떻게 만유 위에 있는 예수님의 나라에 대한 표지가 되는가 하고 물을지도 모른다. 마가복음에서(막 10:17-31을 보

라) "그리스도인이 되는 것" 혹은 "구원을 얻는 것"(10:26)의 동의어는 "하나님 나라에 들어가는 것"(10:23-25)이다. 그리스도인들은 예수님의 왕 되심을 이미 적극적으로 수용한 이들이다. 따라서 이미 모든 무릎이 왕이신 예수님 앞에 꿇고 모든 입이 예수님이 주님이심을 고백하는 곳이 바로 교회이다. 그러므로 예수님이 제자들에게 기도하는 법을 가르치셨을 때 그중에 "뜻이 하늘에서 이루어진 것같이 땅에서도 이루어지이다"(마 6:10)라는 기도가 포함되었던 것은 놀랄 일이 아니다. 유사하게 바울은 "믿음의 순종"(the obedience of faith)이라는 매력적인 표현을 사용한다(롬 1:5; 16:26 ESV).

에베소서 1:10에서 바울은 "하늘에 있는 것이나 땅에 있는 것이 다 그리스도 안에서 통일되게 하려" 하시는 하나님의 계획에 대해 말한다. 그러나 아마도 우리가 구속과 창조의 관계를 발견하는 가장 풍요로운 구절은 골로새서 1:15-20일 것이다. 그리스도는 "몸인 교회의 머리시다"(골 1:18). 그리고 바로 이 그리스도가 "모든 피조물보다 먼저 나신 이"이시다(골 1:15). 사도행전 3:15은 예수님을 "생명의 주"라고 감동적으로 묘사하고, 요한계시록 11:15은 일곱째 천사가 나팔을 불 때 "세상 나라가 우리 주와 그의 그리스도의 나라가 되어 그가 세세토록 왕 노릇 하시리로다"라고 환희에 차서 선언한다.

분명히 복음은 그저 개인적이고 개별적인 진리가 아니라—비록 확실히 그런 면이 있기는 하나—또한 공적 진리이기도 하다. 구약성경은 이 점에서 아주 중요하다. 우리가 하나님과의 언약 관계 안에 있다는 것이 우리 삶의 모든 영역에 영향을 준다는 것을 상기시키기 때문이다. 여호와의 토라(torah), 즉 여호와의 가르침은 포괄적이다. 그 가르침은 단지 종교적 삶에 대해서뿐만 아니라 가족, 결혼, 이웃과의 관계, 성, 위생, 음식, 땅, 정의, 정치, 경제 등등을 다룬다. 이와 비슷하게, 구약성경의 지혜 문학은 인간 실존의 여러 다양한 문제를 다룬다. 한 예는 잠언 31장에 등장하는 여인이다. 그 여인은 "여호와를 경외하는 여자"로 묘사되지만, 성경 해석의 역사 속에서 주석가들은 이것이 어떻게 그녀와 연관된 모든 "세속적" 활동들—가령, 가사, 직물 거래, 밭을 사고 포도원을 가꾸는 일 등—과 연관되는지를 알아내기 위해 애를 써 왔다.[35] 사람들이 놓치고 있는 것은 여호와에 대한 그 여인의 경외가 그녀의 "영적" 활동에서뿐 아니라 삶의 이런 **모든** 차원에서 드러난다는 점이다.

구약성경은 정치에 관한 이야기로 가득 차 있다(예컨대, 열왕기

---

35 Albert Wolters, *The Song of the Valiant Woman: Studies in the Interpretation of Proverbs 31:10-31* (Carlisle, UK: Paternoster, 2001)을 보라.

상·하를 보라). 예언자들은 이스라엘을 그들의 행위 때문에 기소했는데, 그것은 조직화된 종교 분야에서뿐만 아니라 삶의 모든 분야에서 나타난 그들의 잘못된 행위 때문이었다. 요한계시록에도 경제적·정치적으로 예리한 비판이 기록되어 있다.[36] 주지하듯이, 아브라함 카이퍼는 다음과 같은 진술을 통해 성경에 대한 이런 포괄적인 비전을 표현한 바 있다. "우리 인간 실존의 전 영역에서 만유를 다스리시는 그리스도께서 '나의 것!'이라고 외치지 않는 곳은 단 한 곳도 없다."[37]

도착지에서 보는 광경은 포괄적이다. 그렇다면 성경의 가르침 역시 그럴 것이다. 예컨대, 올리버 오도노반(Oliver O'Donovan)은 정치신학에 관한 그의 책 *The Desire of the Nations*에서 신학이 복음적인 것이 되려면 반드시 정치적이어야 한다고 지적한다.[38] 설교자는 성경에서 오늘날의 이라크까지 30분 만에 여행을 할 수 있을지 모르나, 그와 동일한 여행이 어떤 학자에게는 일생이 걸릴 수도 있다고 오도노반은 말한다. 그 말의 요점은 그 여행은 반드시 이루어져야 한다는 것이다! 하나님은 모든 생명을 지으시고

---

36 Richard J. Bauckham, *The Theology of the Book of Revelation* (Cambridge: Cambridge University Press, 2003)을 보라.
37 참고로, Abraham Kuyper, in James D. Bratt, ed., *Abraham Kuyper: A Centennial Reader* (Grand Rapids: Eerdmans, 1998), 461을 보라.
38 Oliver O'Donovan, *Desire of the Nations: Rediscovering the Roots of Political Theology* (Cambridge: Cambridge University Press, 1999), 3.

주관하시는 분이다. 그리고 그분 말씀의 범위는 아주 포괄적이다. 만약 우리가 우리의 설교에서 하나님 나라의 특색을 드러낸다면, 오늘의 삶에서 그 설교의 영향을 받지 않을 영역은 없을 것이다. 이것은 (1) 성경으로부터 오늘날 삶으로의 여행이 늘 쉽고 간단하다거나, (2) 설교자는 삶의 모든 영역에서 전문가가 되어야 한다는 것을 의미하지 않는다.

이미 우리는 웅장한 이야기를 지닌 성경이 우리 자신과 우리의 세상을 이해하기 위한 해석학을 제공해 준다고 지적한 바 있다. 레슬리 뉴비긴이 우리에게 성경 이야기 안에 거함으로써 이 세상의 문화가 우리에게 제시하는 많은 다른 이야기들의 도전과 유혹 가운데서도 성경 이야기를 우리의 기본 모드(default mode)로 삼으라고 권한 것은 당연하다. 우리는 성경 이야기에 정통함으로써 그것이 참으로 **우리의** 이야기가 되게 할 필요가 있다. 성경 이야기는 우리가 우리의 세상을 해석하는 데 사용하는 렌즈가 되어야 한다. 우리는 세상 이야기의 시작과 끝을 안다. 우리는 세상의 문제가 무엇인지 알며 그 해결책도 알고 있다. 하지만 이것은 우리가 언제라도 아주 간단하게 성경으로부터 오늘의 문제들로 옮겨 갈 수 있다는 말이 아니다. 우리는 성경 시대와 동일한 세상인 하나님의 세상에서 살고 있다. 그러나 그분의 세상은 철저하게 역사적이다. 그리고 우리는 성경의 저자들과는 다른 역사 속 시간과 장소에서 살고 있다.

예컨대, 정치적으로 보자면, 성경의 저자들 중 그 누구도 나라를 다스리는 모델로서의 민주주의를 접해 본 적이 없다. 민족 국가조차도 현대에 만들어진 것이다. 우리가 이스라엘의 정치와 관련된 충분한 자료를 얻을 수 있는 구약성경에 의하면, 이스라엘은 신권 국가, 즉 여호와와 언약 관계에 있는 나라다. 교회는 신권 정치 형태로 남아 있지만, 나라는 아니다. 그 대신에 교회는 모든 나라에 퍼져 있다. 실제로 로마서에 관한 그의 주석에서 제임스 던(James Dunn)은 바울이 로마서 13장에서 내가 참된 이야기의 5막이라고 부르는 부분에 들어 있는 권력에 대한 접근법으로 보이는 문제와 씨름하고 있다고 주장한다.[39]

성경은 삶 전체를 다룬다. 하지만 성경을 삶의 모든 문제와 연관시키는 것은 복잡한 일이다. 그리고 설교자들은 그 내용을 오늘날에 순진하게 적용하는 것을 조심해야 한다. 성경은 빈곤의 문제를 다루는가? 분명히 그렇다! 하지만 그것이 오늘날의 빈곤 문제와는 어떻게 연관되는가? 그것은 쉬운 문제가 아니다. 피터 브라운(Peter Brown)은 그의 권위 있는 책 *Through the Eye of a Needle*(바늘귀를 통과해)에서 350-550년경에 나타난 부에 대한 교

---

39 James D. G. Dunn, *Romans 9-16*, Word Biblical Commentary 38B (Dallas: Word, 1988).

회의 태도를 살핀다.[40] 교회가 가난과 부의 문제에 성경적 윤리를 도입하기 위해 당시의 문화와 어떻게 상호 작용했는지를 살피는 것은 매력적인 일이다. 마찬가지로, 개신교 종교개혁가들도 사회 문제들과 교회에 관한 수많은 자료들을 남겼다. 이 모든 것은 우리가 성경에서 오늘의 문제로 넘어갈 때 완전히 새롭게 시작할 필요가 없다는 것을 일깨워 준다. 그런 점에서 우리는 2천 년 이상의 전통을 상속받고 있다. 그러므로 우리가 지나간 세대의 잘못을 되풀이하지 않으려면 그 전통을 잘 알아야 할 필요가 있다.

그와 동시에, 우리 세대는 나름의 문제들을 갖고 있으며, 우리는 그런 문제들을 해결하는 과정에서 적극적으로 성경의 관점을 적용하기 위해 애쓸 필요가 있다. 예컨대, 동성 결혼에 대해 생각해 보자. 내가 보기에, 성관계는 이성 간의 결혼 관계 안에서 그 사랑을 완전하게 표현하기 위한 선물이라는 사실이 성경을 통해 분명하게 드러난다. 그러므로 우리는 동성애적 행위, 간음, 혹은 혼전 성관계를 권하거나 장려해서는 안 된다. 여러 다른 형태의 행위들과 마찬가지로, 동성애적 습관은 성경이 하나님께 대한 죄 혹은 반역이라고 부르는 것에 해당된다. 그러나 이 문제에 분명한

---

40 Peter Brown, *Through the Eye of a Needle: Wealth, the Fall of Rome, and the Making of Christianity in the West 350-550 A.D.* (Princeton, NJ: Princeton University Press, 2014).

입장을 갖는 것과 다원주의적이고 민주적인 국가에서 동성 결혼 문제를 어떻게 다루느냐 하는 것은 다른 문제다. 이스라엘에서 간음죄는 사형에 해당되었다. 그러나 나는 우리 중 많은 이들이 현대 국가에서도 그런 형벌이 시행되어야 한다고 주장할 것이라고 여기지 않는다. 이스라엘에서 다른 신들을 섬기는 것은 심각한 범죄였고 또한 사형에 해당했다. 그러나 다시 말하지만, 오늘 우리는 법적 측면에서 그런 방향으로 나아가서는 안 된다.

이것은 매우 복잡한 문제들이다. 그러나 본론부터 말하자면, 나는 우리가 비록 그런 습관들을 옹호하는 잘못을 저질러서는 안 되지만, 게이와 레즈비언들의 시민권을 보호하기 위해 우리가 할 수 있는 일을 하는 입장에 서야 한다고 주장한다. 이슬람 문제 역시 마찬가지다. 알라는 삼위일체 하나님이 아니다. 하지만 나는 적어도 무슬림들이 미국이나 캐나다 같은 서구 민주주의 사회 안에서 다른 이들과 공존하면서 그들의 신앙을 실천할 권리를 보호해 주기를 원한다. 그와 동시에 대부분의 무슬림 국가들 역시 그들의 나라 안에서 살아가는 종교적 소수자들에게 유사한 자유를 허락하도록 압력을 받아야 할 필요가 있다. 나는 어떤 이가 무슬림이 되는 것을 권하지 않는다. 하지만 그것은 오늘 우리가 이슬람과 정치적으로, 그리고 사회적으로 어떻게 관계해야 하는가 하는 문제와는 아주 다른 문제다.

이 모든 것이 말하는 것은, 성경으로부터 오늘 우리의 세상으로 움직이는 일에는 해석학적 생태 환경이 있다는 것이다. 현대의 철학적 해석학의 아버지는 독일의 철학자 한스 게오르그 가다머(Hans-Georg Gadamer)이다. 그의 해석학의 핵심에는 우리가 어떻게 이해에 이르는가 하는 질문이 있다. 텍스트와 관련해 가다머는 텍스트의 지평과 독자의 지평을 구별한다. 이해는 그 지평들이 융합될 때 발생한다. 가다머의 핵심적 통찰 중 하나는 독자들이 텍스트만큼이나 역사 속에 박혀 있다는 것이다. 그는 우리의 편견들(예단들)과 질문들을 텍스트로 가져가는 대화식 이해의 과정을 제안하는데, 그 과정은 우리에게 지평들의 융합을 향해 나아가는 대화를 열어 준다.

해석학(hermeneutics)이 처음으로 기독교 공동체 안에 들어왔을 때, "헤르만 네우틱스"(Herman Neutics)는 독일 신학자 이름이라는 농담도 있었다! 나는 우리의 앞선 논의가 이 중요한 학문 분야가 갖고 있는 신비적 요소를 벗겨 내는 방향으로 이루어져 왔기를 바란다. 신앙에는, 그리고 성경을 충실하게 받아들이는 일에는 아름다운 단순성이 존재하지만, 성경에 대한 우리의 해석은 **지나치게 단순해서는** 안 된다. 필립스(J. B. Phillips)는 『당신의 하나님은 너무 작다』(*Your God Is Too Small*, 바이블웨이)라는 교훈적인 제목을 지닌 책을 썼다. 나는 우리가 성경을 다룰 때 이런 상황이 너무 자주 나타나는 것이 염려스럽다. 우리의 하나님은 창조주이며 구원자이신 하나님, 접근할 수 없는 빛 가운데 계신 하나님이시다. 우리 피조 세계의 모든 것은 그 기원과 존재 유지를 하나님께 의존한다. 설교자로서 우리의 책임은 하나님을 잘 대변하고, 하나님의 백성 중에서, 그리고 이 세상에서 그분의 명성을 드높이는 것이다. 훌륭한 설교를 하는 것은 힘든 일이다. 반드시 피와 땀과 눈물이 있어야 한다. 단순히 성경에 익숙해지고 그런 상태에서 성경을 가르치는 것은 우리에게 필요한 것을 가로막는 큰 적이다.

앞에서 우리는 성경이 온 세상에 관한 이야기이며 삶의 모든 것에 대해 권위를 갖는다고 주장했다. 하지만 이런 주장은 조심스럽게 이해되어야 한다. 우리가 성경이 제공하기로 정해져 있지 않은 답을 주려고 성경을 살필 경우, 우리는 성경에서 너무 많은 것을 기대할 가능성이 있다. 가끔 나는 강간으로 인한 트라우마로 고통당하는 이들을 상담하는 것을 예로 들어 학생들에게 말할 때가 있다. 사실 우리는 성경 어디에서도 강간 피해자 상담을 위한 이론을 찾을 수 없다. 그러므로 만약 목회자들이 강간의 실제적 영향에 대한 아무런 이해 없이 오로지 성경 하나만 손에 쥐고 강간 트라우마를 치유하기 위한 상담에 뛰어들 경우, 그들은 피해자들에게 실제적인 해를 입힐 수도 있다. 어떤 설교자들은 성경에서 몇 구절을 인용해서, 그런 상담을 위한 훌륭한 이론이 무시하는 온

갖 것을 위험을 무릅쓰고 가르치기도 한다. 그러나 강간당한 사람에게 일어나는 일을 아는 데는 경험과 연구를 대신할 수 있는 지름길이 없다. 예컨대, 강간 피해자들이 마치 자기가 강간을 유발한 어떤 책임이 있는 것처럼 죄책감을 느끼는 것은 흔히 있는 일이다. 그러므로 지나치게 단순한 상담-가령 "당신은 이 일에서도 하나님을 신뢰하나요?", "당신은 경건의 시간을 갖고 있나요?"와 같은 질문을 던지는 식의 상담-은 치유와 온전함을 향해 나아가는 과정을 열어 주기보다 오히려 죄책감을 갖게 만들 수 있다.

성경을 사용할 때 우리는 성경주의(biblicism: 성경에는 모든 상황을 위한 증거 본문이 존재한다)와 이원론(dualism: 성경은 오늘날의 문제들과는 아무런 상관이 없는 것으로 간주된다) 사이에서 길을 찾을 필요가 있다. 성경은 하나의 세계관이라는 의미에서 권위 있게 우리로 하여금 세상을 향하게 만든다. 성경은 어떤 문제들-예컨대, 가정생활-과 관련해서는 상세한 교훈을 제공하는데, 그것은 아주 진지하게 다뤄질 필요가 있다. 그러나 일반적으로 성경은 모든 상황과 관련된 상세한 가르침을 주는 차원이라기보다는 심오하고 방향을 정해 주는 차원에서 기능한다.

그러므로 설교자에게 요구되는 것은 교회 구성원들이 마주하고 있는 모든 문제에 대해 전문가가 되는 것이 **아니다**! 예컨대, 왕이신 예수님이 건강한 기업을 적절한 방식으로 통치하고 계심을 증언하기 위해 설교자가 2015년도에 어느 특정한 지역에서 사업하는 방식에 대해 전문가가 되어야 할 이유는 없다. 그런 일은 사업가들이 감당해야 할 책임이다. 설교자가 해야 할 일은 사업가들에게 삶의 그 분야도 예수님이 통치하고 계심을 증언하고 그들이 그 통치 아래서 살아가도록 부르심을 받았음을 계속해서 일깨워 주는 것이다. 모든 그리스도인은 주 그리스도를 섬기는 전임 사역자이다. 유일한 차이는 그가 '어디에서' 섬기도록 부르심을 받았느냐 하는 것뿐이다. 그리고 목회자/설교자의 역할은 오늘날 삶의 모든 도전들 한가운데서 사람들이 하나님께 계속 주목하도록 만드는 것이다.

설교자에게 필요한 것은 우리의 문화 속에서 지금이 어떤 "때"인지에 대해 가능한 한 깊은 인식을 갖는 것이다. 존 스토트는 설교자들에게 '이중 듣기'(double listening)의 필요성을 환기시킨다. 설교자는 한 귀로는 성경의 말씀을, 다른 한 귀로는 우리의 문화가 내는 소리를 들어야 한다. 그래야 설교자는 그의 설교를 통해 그 둘 사이에 다리를 놓을 수 있다. 조지 바이겔(George Weigel)은 교황 요한 바오로 2세(John Paul II, 1920-2005)가 현재의 교회를 잘 인도하기 위해 미래를 살폈다는 점에 주목했다.[41] 만약 우리가 비

---

41 바이겔은 한 곳 이상에서 이런 주장을 한다. 참고. George Weigel, *The End and the Beginning: Pope John Paul II-The Victory of Freedom,*

행기를 착륙시킨다는 관점에서 설교에 대해 생각한다면, 그 착륙 상황은 장소에 따라 다를 것이다. 조종사들은 우리가 착륙할 공항에 관해 아는 것이 중요하다고 말한다. 어떤 공항에서는 길고 낮은 접근을 허용하는 반면, 어떤 공항에서는 위로부터의 급속한 하강을 요구한다.

온 세상에 관한 참된 이야기로서의 성경

이제부터는 우리가 설교를 착륙시키고자 할 경우 우리가 처한 상황을 이해하는 것이 얼마나 중요한지에 관해 논할 것이다. 우선은 성경에 대한 이야기식 접근법(narrative approach)에 관한 우리의 세 가지 의견들 중 세 번째 것, 즉 성경이 전하는 이야기는 단지 어떤 이야기에 불과한 것이 아니라 **세상에 관한 참된 이야기**라는 것에 주목하자. 이야기식 접근법은 다른 믿음을 가진 이들과의 대화에 매우 유용한데, 그것은 우리가 성경의 이야기를 다른 신앙 체계들이 전하는 이야기들과 비교할 수 있기 때문이다. 레슬리 뉴비긴은 다음과 같이 옳게 지적한다.

> 기독교와 다른 종교 모두를 포함시키는 일치를 위한 제안은 (공개적으로 혹은 은연중에) 그리스도를 통한 하나님의 계시보다는 어

The Last Years, The Legacy (New York: Image, 2010), 195.

떤 실재에 대한 믿음에 의존한다. 에큐메니컬 운동이 우리에게 제공한 대로 서로에게 귀를 기울이는 법을 배우는 경험은 확실히 크리스텐덤(Christendom)의 범위 밖에서도 타당하다. 실제로 우리는, 만약 다른 종교를 가진 이들이 예수 그리스도를 구주로 이해하게 하려면, 또한 만약 우리가 하나님이 예수님을 통해 알려 주신 하나님에 관한 다양한 지혜를 배우고자 한다면, 실제로 다른 종교를 가진 사람들과의 진지한 대화에 들어가는 것을 배울 필요가 있다. 그러나 에큐메니컬 운동은 철저히 선교적인 것이다. 왜냐하면 그것은 어떤 종류든 상관없는 일치를 위한 운동이 아니라, 십자가에 달리신 예수 그리스도를 높이는 것을 통해, 그리고 그분의 성령의 지속적인 사역을 통해 이루어지는 하나님의 작품인 일치를 위한 운동이기 때문이다.[42]

물론, 우리가 어떻게 성경을 세상의 참된 이야기로 유지하고 선포하느냐 하는 것은 중요하다. 성경에서 진리는 무엇보다도 **한 인격**이다. 그리고 만약 우리가 성경의 진리를 강력하게 주장하면서도 정작 그리스도와 같이 되는 것을 통해 그 진리를 구현하는 데 실패한다면 그 진리는 별 가치가 없는 것이 되고 만다. 20세기 위대한 선교학자 중 한 사람인 남아프리카공화국의 데이비드 보쉬(David Bosch)는 그리스도인들이 포스트모던 문화 속에서 우선시할 필요가 있는 것이 두 가지라고 말한다. 하나는 세계관

---

42 Newbigin, *Trinitarian Doctrine*, 18-19.

(worldview)이고, 다른 하나는 '타당성 구조'(plausibility structure)이다.[43] '타당성 구조'는 우리의 말들이 그것에 부딪혀 울려 퍼지면서 경청을 강요하는 배경이 되는, 살아 있는 실재를 가리킨다. 예컨대 우리는 마더 테레사가 백악관을 찾아가 그곳에 모인 청중에게 낙태 문제로 호되게 비판하는 것을 생각해 볼 수 있다. 당신과 나는 그렇게 할 수 없을 것이다. 마더 테레사는 어떻게 그런 말을 하고 다른 이들이 자기 말을 듣게 만들 수 있는 것일까? 물론 그 질문에 대한 답은 마더 테레사의 삶이다. 그녀의 삶이 아주 큰 소리로 말을 하기에 그녀는 쉽게 다른 이들이 자신의 말에 귀를 기울이게 할 수 있었다.

우리는 우리와 우리의 회중이 성경의 이야기를 알고 그 이야기 안에서 살아가는 것을 당연한 것으로 여겨서는 안 된다. 회중의 삶 속에 웅장한 이야기로서의 성경에 대한 이해가 견고하게 자리 잡게 하기 위해서는 힘겹고도 창조적인 작업이 요구된다. 이에 대한 한 예를 피닉스의 목회자 크리스 곤잘레스(Chris Gonzalez)에게서 찾아볼 수 있다. 크리스는 성경 드라마의 각 막을 상징하는 일련의 아이콘들과 그 드라마가 실제로 그의 회중 안에 뿌리내리도록 돕는 다양한 창조적인 방법들을 개발했다. 나 자신도 성경과

---

43 David Bosch, *Believing in the Future: Toward a Missiology of Western Culture* (Pennsylvania, UK: Trinity Press, Gracewing, 1995), 48.

기독교 신앙고백의 잘 알려진 차원을 상세하게 설명하기 위해 사도신경의 확장본을 개발했다(이 책 끝에 있는 부록을 보라).

전형적인 현대인인 우리는 만약 무언가를 이해하기만 하면 다 된 것이라고 여기는 실수를 종종 저지른다! 그러나, 우리 안에 그런 이해가 자리를 잡았을 때조차도, 성경을 세상에 관한 참된 이야기로 **이해하는 것**과 의도적으로 그 이야기를 따라 생각하고 **사는 것** 사이에는 엄청난 차이가 있다. 우리가 살아가는 다원주의적인 세상에서, 우리의 삶이 우리가 선포하는 성경 진리에 대해 타당성 있는 배경을 제공해 주지 못한다면, 그렇게 선포된 성경의 진리에 귀를 기울이는 사람은 아무도 없을 것이다.

05

공항
상황화

구약의 예언서들은 설교와 관련해서 교훈을 준다. 오늘날의 설교자들은 구약적 의미에서의 예언자들이 아니다. 그러나 구약의 예언과 오늘날의 설교 사이에는 연속성이 존재하며 우리는 예언서를 통해 많은 것을 배울 수 있다. 구약의 예언서들을 읽을 때 당신은 그 책들이 한결같이 각 예언자가 처한 특정한 시대와 지리적 상황을 밝히면서 시작된다는 것을 알게 될 것이다(가령, 렘 1:1-3). 또한 우리는 구약성경의 예언자들이 대개 "**앞서** 말하는 사람"(fore-teller)이라기보다 "**앞으로** 말하는 사람"(forth-teller; fore-teller가 시간적 측면의 의미라면, forth-teller는 공간적 측면의 의미를 갖고 있다-역주)이었다는 것을 기억해야 한다. 예언자는 특정한 시간과 장소에서 하나님의 백성을 향해 하나님의 말씀을 전하는 사명을 받았다. 우리가 이것을 통해 배워야 할 것은 하나님의 말씀 곧 그분의 연설은 **언제나** 상황적이라는 것, 즉 특정한 상황의 현장과 직접 연관되어 있다는 것이다. 선교학자들은 이것을 "상황화"(contexualization)라고 부른다.

만약 우리가 상황화를 무시한다면, 우리는 부유한 젊은 관원에게 거듭날 필요가 있다고 말하고, 니고데모에게는 모든 것을 팔고서 예수님을 따르라고 말하고 말 것이다. 성경은 닫힌 정경 상태로 고정되어 있다. 하지만 성경을 적용하는 것은 **그렇지 않다**. 그리고 우리가 설교하는 상황이 우리가 성경을 적용하는 방법을 형성한다. 실제로 우리는, 아래에서 설명하겠지만, 탄도 두 개의 교차점, 즉 본문의 목적(혹은 그 본문의 메시지)과 우리가 그 안에서 혹은 그것을 향해 설교하는 상황의 교차점에 의해 형성되는 메시지를 설교할 때 비행기를 성공적으로 착륙시킬 수 있다.

우리는 성경에 정통해야 하는 것처럼 우리가 설교하는 상황에 대해서도 잘 알아야 한다. 우리는 설교의 상황을 일련의 동심원들과 관련지어 상상할 수 있다.

1. 창조 세계
2. 성경 이야기의 5막
3. 21세기

4. 서구, 세계의 2/3, 혹은 우리가 속한 그 어느 곳이나
5. 우리의 특별한 문화(들)
6. 우리의 회중

첫 번째와 두 번째 원은, 성경이 우리에게 세상을 이해하기 위한 해석학을 제공하고, 또한 그렇게 함으로써 우리에게 성경 메시지의 상황화를 위한 주요한 전제들을 제공한다는 것을 상기시킨다. 세계는 하나님의 선한, 그러나 타락한, 그리고 구속되는 과정 중에 있는 창조 세계다. 그리고 자신의 창조 세계를 위한 하나님의 역동적인, 그러나 고정된 질서는 역사를 통해 지속되고 있다. 이것은 중요하다. 왜냐하면 비록 성경의 저자들이 오래전에, 그리고 우리와는 아주 다른 장소와 문화 속에서 살았지만, 그들 모두는 우리가 살고 있는 것과 동일한 세상, 즉 하나님의 창조 세계 안에서 살았기 때문이다. 이런 관점에서 보자면, 유사성이 차이점들보다 훨씬 더 우세하다. 그리고 비록 역사가 우리의 문화 안에서 정점에 이를지라도, 우리는 우리 문화를 절대화하는 잘못을 저질러서는 안 된다! 우리가 우리 시대의 정신과 결혼한다면, 틀림없이 우리는 오는 세대에서, 만약 우리가 전보다 잘하지 않는다면, 이혼을 당할 것이다. 아주 많은 방식으로 성경 저자들의 분투는 곧 우리 자신의 분투이기도 하다. 그러므로 예컨대, 우리는 우

리의 경험을 떠올리게 하는 경험을 한 이들이 쓴 시편에서 우리의 정신과 유사한 정신을 발견하더라도 놀라지 말아야 한다. 이런 역사적 연속성은 우리가 종종 성경의 내용을 우리 자신의 상황에 직접 적용하는 방식으로 읽을 수 있는 이유이기도 하다. 우리는 "살인하지 말라"와 "간음하지 말라"라는 말로 십계명이 의미하고자 한 것이 무엇인지를 정확하게 해석할 필요가 있을지 모른다. 그런 계명들의 의미를 이해하는 것보다 더 어려운 일은 그 계명에 순종하는 데 있다.

둘째, 우리가 성경 드라마의 5막에 속해 있다는 것에 대해서도 많은 설명이 필요하다. 우리는 구약시대 이스라엘 민족처럼 하나님과 언약 관계를 맺고 있는 신정주의 국가가 아니다. 오늘날 새로운 이스라엘은 하나님의 세계적인 백성으로서 열방 사이에 흩어져 있다. 5막은 본질적으로 선교의 시대다. 우리는 하나님의 백성이 5막에서 감당해야 할 소명이 말과 행위를 통한 복음 증언이라고 요약할 수 있다. 지금 우리는 그리스도의 재림을 열렬하게 고대하면서 선교의 시대를 살아가고 있다. 그러므로 성경 드라마의 1-3막과 6막의 내용으로 설교할 경우에 우리는 그 내용들을 5막에서 이루어지는 우리의 삶과 연관시킬 필요가 있다. 복음서와 서신서들은 5막에서 쓰였다. 그러므로 구약성경보다 복음서와 서신서들을 오늘날의 교회와 연관시키기가 훨씬 더 쉬운 것은 놀랄 일이 아니다.

셋째, 또한 우리는 21세기에 살고 있다는 사실에 유념해야 한다. 신약성경은 1세기에 쓰였고, 구약성경은 주전 여러 세기에 걸쳐 쓰였고 포로 후기 시대에 완성되었다. 1세기와 21세기 사이에는 역사적으로, 문화적으로 커다란 간격이 존재한다. 그러므로 설교자들은 성경과 우리의 상황 사이에 다리를 놓을 때 이 점에 유의할 필요가 있다.

마이클 고힌과 내가 『세계관은 이야기다』(Living at the Crossroads: An Introduction to Christian Worldview, IVP)라는 책을 썼을 때, 우리는 그 책에 일련의 카메오들을 등장시켜 기독교 세계관이 오늘날의 사업, 경제, 정치, 예술 등에 어떤 의미를 가질 수 있는지를 보여 주는 것으로 마무리했다. 나는 그 단락을 쓰면서 오늘날의 사업과 정치, 그리고 기타 여러 부분들에 대한 기독교적 접근법을 발전시키는 일에서 역사적 관점이 얼마나 중요한지를 깨닫고 충격을 받았던 것으로 기억한다. 하나만 예를 들어 보자. 성경은 경제에 관해 아주 많은 이야기를 한다. 하지만 우리는 산업혁명 이후 시대를 살고 있으며 특히나 지금은 기술 혁명 시대의 한가운데에서 살아가고 있다. 그런 혁명을 촉진시킨 과학은 현대성의 주요한 구성 요소이다. 그러므로 우리는 단순히 **우리가** 사업과 경제라는 말로 의미하는 것을 성경 안에 집어넣어 읽은 후 다시 그것을 꺼내어 오늘 우리의 상황 속으로 가져와서는 안 된다.

넷째, 나는 이 책의 독자들 대부분이 서구에서 혹은 서구화된 상황 속에서 살고 있다고 추정한다. 세계화와 마찬가지로 도시화는 우리 시대의 큰 특징 중 하나다. 세상에 서구의 영향을 받지 않은 나라는 거의 없다. 그와 동시에 농민들은 세계 인구의 많은 부분을 차지하고 있다. 따라서 세계의 개발도상국들은 그리스도인들의 큰 관심사가 되어야 한다.[44] 그런 상황에서의 설교는 서구에서의 설교만큼이나-그 이상은 아닐지라도-중요하다. 그리고 우리가 처한 상황이 어떠하든, 제대로 설교하기 위해서는 무엇보다 먼저 우리의 상황을 제대로 알아야 할 필요가 있다. 더 나아가 오늘 우리는 점점 더 범지구적 상황 속에서 살아가고 있다. 그러므로 만약 우리가 처한 상황을 이해할 기회를 얻고자 한다면, 선진국 사람들은 개발도상국 사람들에게, 그리고 개발도상국 사람들은 선진국 사람들에게 주목할 필요가 있다. 그들은 다양한 방식으로 서로 연관되어 있기 때문이다.

독자들은 우리가 우리의 문화에 대해 성찰할 때 그 문화에 대해 비판적인 시각을 갖는 것이 쉬운 일이 아니라는 것에 주목해야 한다. 문화는 물고기가 그 안에서 헤엄을 치는 물과 같다. 마거릿 실

---

44 Adam K. Webb, *A Path of Our Own: An Andean Village and Tomorrow's Economy of Values* (Wilmington, DE: ISI, 2009)를 보라.

프(Margaret Silf)는 "바다"라고 불리는 것이 있다는 말을 들은 어느 물고기에 관한 교훈적인 이야기를 전한다. 물고기는 바다를 살펴보기로 결심하고 바다를 찾기 위해 계속해서 헤엄을 쳤으나 실패하고 말았다. 물론 이 이야기의 요점은 물고기는 바닷속에 너무 깊이 들어가 있었기에 바다를 볼 수 없었다는 것이다. 우리의 문화라는 문제와 관련해, 우리는 너무나 자주 그 물고기와 같은 처지에 놓인다. 문화는 심원하게 형성적(formative)이다. 그리고 우리는 "이것은 원래 그런 거야."라고 가정하는 경향이 있다. 종종 우리는 여행을 하고 난 후에야 새로운 눈으로 우리의 문화를 있는 그대로 보곤 한다.

그렇다면 우리는 오늘날의 서구 문화를 어떻게 특징지어야 하는가?

첫째, 우리는 현대성 안에서 살아간다. 현대는 서구의 계몽주의와 계몽주의 이후 시대로부터 출현한 획기적인 시대다. 현대성을 추동하는 엔진은 철학과 과학적·역사적 혁명에 의해 제공되었다. 현대성의 핵심에는 인간의 자율성에 대한, 그리고 전례 없는 발전을 가능하게 한 이성과 과학의 능력에 대한 강조가 있다. 실제로 20세기 초에는 우리가 과학과 기술로 세상의 모든 문제를 해결하고 유토피아를 맞이하리라는 지나친 자신감이 널리 퍼져 있었다.

현대성은 실제로 우리에게 여러 가지 좋은 선물들을 가져다주었다. 마취가 없던 시대로 돌아가고 싶은 사람은 우리 중에 아무도 없을 것이다. 건강한 민주주의는 훌륭한 정부 형태다. 그리고 기술의 유익은 누구나 분명히 알고 있다. 하지만 기술은 유용한 것에도 그늘진 부분이 있음을 알려 주는 좋은 예이기도 하다. 두말할 것도 없이, 인터넷은 세계 전역에서 포르노에 접속할 수 있게 하는 혁명적 변화를 초래했다. 지금은 그것을 차단하기 위해 강력한 노력을 기울이지 않는 한, 인터넷에 접속하기만 하면 누구나 어디에서나 포르노물을 접할 수 있다.

또한 현대성은 그 중심에 반기독교적인 차원이 있다. 사람들은 우리가 진보를 이루기 위해서는 전통과 교리의 제약으로부터 자유로워질 필요가 있다고 믿는다. 서구에서 이것은 '종교의 자유'라는 교리로 발전했다. 사실 이것은 '**개인화된** 종교'의 자유를 의미한다. 이런 관점에서 보자면, 만약 우리가 교육, 정치, 보건, 경제 등 삶의 큰 공적 영역 바깥에서 우리의 믿음을 유지하기만 한다면, 우리는 자신이 원하는 대로 믿을 자유가 있다. 그러나 공적 영역 안에서는 중립적이고 자율적인 이성이 통치해야 한다.

1980년대에 서구에서 시작된 포스트모더니즘(postmodernism)이라는 이름으로, 현대성의 이데올로기적 기초를 이루는 많은 것들이 심하게 혹평을 받았다. 내 생각에 포스트모더니즘은 **탈**현대성(*postmodernity*)이라기보다는 현대성의 DNA를 풀어낸 것이다. 지리학자 데이비드 하비(David Harvey)는 그의 책『포스트모더니티의 조건』(*The Condition of Postmodernity*, 한울아카데미)에서 포스트모더니티를 깊이 있게 분석하고 또한 그것을 이해하기 위한 유용한 방법을 제시한다.[45] 현대성은 진리에 이르는 길로서의 종교와 전통을 거부하고 자율적 이성을 통해 우리 세계의 진실에 도달하고자 했다. 반면에 포스트모더니즘은 그런 진리가 유효하다는 것을 더 이상 믿지 않으면서 전통과 종교로 돌아가는 것을 거부한다. 그 결과 우리는 허무주의에 빠지게 되었다. 지난 수십 년간 허무주의는 큰 걱정거리가 되어 왔다. 하지만 포스트모더니즘 신봉자들은 그런 상황을 일종의 유쾌한 허무주의로 여기며 즐기라고 우리를 부추긴다.[46]

포스트모더니즘은 현대성의 중립성에 도전하는 일에서 통찰력을 드러낸다. 그동안 중립적이고 자율적인 것으로 제시되었던 것들이 사실은 그런 것이 아니었음이 거듭해서 밝혀지고 있다. 예컨대, 홀로코스트는 현대의 기술로 인해 어떤 일들이 "수행될" 수 있는지를 보여 주었다. 두 차례의 세계 대전, 마르크시즘의 출현

---

45 David Harvey, *The Condition of Postmodernity: An Enquiry into the Conditions of Cultural Change* (Oxford: Blackwell, 1991).
46 Gertrude Himmelfarb, *On Looking into the Abyss: Untimely Thoughts on Culture and Society* (New York: Vintage, 1994)를 보라.

과 (비록 불완전하기는 했으나) 동구권에서 그것이 구체화됨으로써 민족 대학살로 이어진 것, 환경 위기 등등이 그런 것들이다. 20세기 말까지 근대 프로젝트(modern project)를 확신 있게 긍정하는 것은 불가능했다. 그리고 그런 의문이야말로 포스트모더니즘의 핵심이다. 그러나 포스트모더니즘은 정통 종교와 전통 되찾기를 거부함으로써 딱히 제공할 만한 긍정적인 내용이 없는 상태로 끝나고 말았다. 더 나아가 포스트모더니즘은 자유주의적인 서구 전통 안에서 인간의 자율성을 인정한다. 가다머가 카프리 섬에서 있었던 종교에 관한 대화에서 언급했듯이, 물론 우리는 칸트의 뒤로 물러나서는 안 된다![47]

철학적 측면에서 현대성은 포스트모더니즘에 의해 맹렬하게 공격을 당하고 있지만, 다른 방면에서는 계속해서 승승장구하고 있다. 기술 혁명은 빠른 속도로 진행 중이고, 세계화는 세계 모든 곳으로 소비자본주의를 퍼뜨리고 있다. 전에 현대의 이데올로기가 소비주의에 씌웠던 많은 제약이 없어진 상태에서 소비주의는 우리 시대의 이데올로기가 되었다. 상당한 정도까지 소비주의는 탐욕과 돈에 대한 사랑에 의해 추동되는데, 분명히 그것들은 지속 가능하지 않은 이데올로기들이다. 프랑스 인류학자 르네 지라르

---

47 Jacques Derrida and Gianni Vattimo, eds., *Religion* (Cambridge: Polity, 1998).

(René Girard)는 우리에게 인간관계와 문화를 세우는 일에서 나타나는 모방 욕망(mimetic desire)의 역할에 관심을 갖게 했다. 본래 우리는 서로를 모방하며 성장한다. 그러나 그런 모방은 경쟁적인 것이 될 수 있고, 그런 일이 가속화할 때 그것은 폭력으로 확대된다. 범세계적인 소비문화는 지리학자 하름 데 블레이(Harm De Blij)가 선진국과 개발도상국 사이에 존재하는 경제적 아파르트헤이트(economic apartheid, 남아공에서 있었던 유색 인종에 대한 차별 정책 [apartheid]에서 따온 용어 – 역주)라고 부르는 것을 낳았는데, 그것은 폭력으로 확대될 수 있는 무서운 잠재력을 지닌 욕망의 실제적인 가마솥이었다.[48]

나는 이런 말이 매우 이론적으로 들릴 것이라고 확신한다. 그리고 당연히 독자들은 도대체 이것이 설교와 무슨 상관이 있는지 의아하게 여길 것이다. 사실, 아주 많은 상관이 있다! 데이비드 하비(David Harvey)는 그의 책 『자본의 17가지 모순: 이 시대 자본주의의 위기와 대안』(Seventeen Contradictions and the End of Capitalism, 동녘)에서 사용가치와 교환가치 사이의 첫 번째 모순을 다루면서 주택(집)/가정(house/home)에 관한 통찰력 있는 논의를 전개한다.

---

48 Harm De Blij, *The Power of Place: Geography, Destiny, and Globalization's Rough Landscape* (Oxford: Oxford University Press, 2009).

하비는 집에는 여러 가지 기능들 혹은 효용들이 있다고 옳게 지적한다. 집은 쉼터를 제공한다. 집은 부부가 가정을, 그리고 애정 어린 삶을 세워 나가는 곳이다. 집은 "일상적이고, 생물학적 재생산을 위한 장소"(우리가 요리를 하고, 사랑을 나누고, 논의를 하고, 아이들을 키우는 곳)이다.[49] 집은 불안한 세상에서 사생활과 안전을 제공한다. 그리스도인들은 가정의 안녕에 대해 확고한 관심을 갖고 있는데, 어떤 가톨릭 신자들은 흔쾌히 그것을 "가정 교회"라고 부른다. 그러므로 우리는 보다 선진화된 자본주의 세계의 많은 지역에서 "그 값을 지불할 수 있는 누구에게나, 그리고 필요로 하는 누구에게나 판매되도록 집은 하나의 상품으로서 투기적으로 지어진다."라는 하비의 주장에 신중하게 주목해야 한다.[50] 그는 주택을 그런 식으로 짓고 제공하는 목적은 사용가치가 아니라 교환가치를 확보하기 위한 것이라고 지적한다. 그는 다음과 같이 주장한다.

> 자본주의 아래에서의 주택 공급은 사용가치 추구가 지배적이었던 상황으로부터 교환가치가 앞서는 상황으로 변화된 것이라고 우리는 결론지을 수 있다. 기묘하게 반대를 이루면서, 주택의 사용가치는 점점 더, 첫째로는 저축 수단이 되었고, 둘째로는 주

---

49 David Harvey, *Seventeen Contradictions and the End of Capitalism* (London: Profile Books, 2014), 15-16.
50 Ibid., 17.

택 시장이 과열된 상황에서 이익을 얻고자 하는 생산자·자본가·기타 모든 사람들(부동산 중개인, 대출 상담업자, 변호사, 보험 설계사 등)의 도구가 되었다. 대중에게 적절한 사용가치를 지닌 주택을 공급하는 것은 이렇듯 점점 더 심화되는 교환가치 중심적 사고에 속박되어 왔다. 보다 많은 사람들에게 적절하고 저렴한 주택을 제공한 결과는 형편없는 것이 되고 말았다.[51]

서구에서 가정생활이 붕괴되고 있는 상황에서 의심할 것도 없이 우리는 가정생활에 대해, 그리고 안정되고 창조적인 가정을 만드는 것에 대해 설교를 하게 될 것이다. 그러나 그런 설교를 할 때 반드시 우리는 중산층 회중들이 소비재로서의 가정과 **가정으로서의** 가정 사이의 긴장에 사로잡혀 있으리라는 것을 알아야 한다. 스코트 러셀 샌더스(Scott Russell Sanders)의 말이 예언자적인 통찰을 전해 준다. "부동산 광고는 판매용 주택을 제시하는 것이지 가정을 제시하는 것이 아니다. 집은 쉽게 입거나 벗을 수 있는, 그리고 일상적으로 사고팔 수 있는 겉옷과 같다. 반면에 가정은 피부다. 집을 바꾸어 이사를 가면 잠시 방향 감각을 잃을 뿐이지만, 가정을 바꾸면 당신은 피를 흘릴 것이다. 당신이 그 안에서 살아가는 집이 당신의 사랑의 향취를 입을 때, 당신의 거처가 당신의 성

---

51 Ibid., 22.

장의 요인이 될 때, 그때 당신의 집은 가정이 된다."[52] 또한 우리는 회중이 전적으로 중산층일 수도 있음을 의식해야 한다. 만약 보다 가난한 이들이 우리 근처에서 살아갈 형편이 안 된다면, 우리 지역에는 다양한 소득 계층이 살 수 있는 주택이 없을 수도 있다.

우리 중 많은 이들은 인구 중 단일계층에 초점을 맞출 것을 강조하는 도날드 A. 맥가브란 (Donald Anderson McGavran)의 교회성장학파의 가르침과 관련해 선교학 서클 안에서 제기되었던 논쟁을 떠올릴 것이다. 그 교회성장학파에 대한 비판이 타당함은 신약시대 교회의 영광이 성도의 다양성, 즉 부유한 자와 가난한 자가 나란히 앉아 예배를 드렸던 것에 있었다는 사실에서 드러난다. 당시에 교회는 종과 주인, 가난한 자와 부유한 자가 그리스도 안에 있는 형제자매로서 서로 얼굴을 맞댈 수 있는 유일한 장소였다. 우리 중 교외의 중산층 계급 안에서 사역하는 이들은 우리가 사실상 맥가브란이 강조하는 상황으로 후퇴했다는 것을 알게 될 것이다. 상품으로서의 주택의 경우, 주택 가격이 계속해서 상승하면, 우리 교회 근처에는 그 사회에서 선택된 소수의 사람들만 살게 될 수도 있다. 마찬가지로, 가난한 지역들은 반대 방향으로 단일화될 것이다. 그러므로 만약 복음이 우리에게 요구하는 깊고 포괄적인

---

52 Scott Russell Sanders, *Earthworks: Selected Essays* (Bloomington: Indiana University Press, 2012), 110-11.

회개를 깨닫지 못한다면, 우리가 야고보서 같은 신약의 서신서들이 묘사하는 대로 다양한 하나님의 백성을 재생산하는 것은 불가능해진다.

그러면 설교자는 회중에게 야고보서를 설명할 때 무슨 일을 해야 하는가? 우리는 그런 서신서들이 우리 삶의 다양한 차원들에 어떤 도전을 제기하는지에 대해 거의 깊이 생각하지 않는다. 그리고 성경이 우리 세계의 관절과 골수를 관통하도록 허용하지 않은 채 자신의 설교를 완성한다. 만약 우리가 성경이 우리 세계의 관절과 골수를 관통하게 한다면 온갖 종류의 흥미로운 질문들이 떠오를 것이다. 주거 문제를 해결하는 다른 방식들이 있는가? 우리가 도시 교외 거주자의 생활양식에 속해 있다면, 우리는 그것을 바꿀 수 있는가? 놀랍게도 우리는 주거 문제를 해결하는 다른 방식들이 있다는 것을, 공동체를 활성화하고 부유한 이들과 덜 부유한 이들 모두의 요구를 채워 줄 방식들이 있다는 것을 발견하게 될 것이다.

예컨대, 필립 베스(Philip Bess)는 그의 탁월한 책 *Till We Have Built Jerusalem*(우리가 예루살렘을 세울 때까지)에서, 만약 어느 교회가 그 위에 교회 건물을 세울 만한 몇 에이커의 땅을 갖고 있다면, 그 교회는 그렇게 할 수도 있으나, 그 땅에 다른 형태의 공동체 즉 다양한 소득 계층의 주거지, 지역 생산품 판매를 위한 여러 가게

들, 대기업이 도시마다 강압적으로 세워 놓은 비상식적일 만큼 균일화된 체인점들을 뒤엎는 상점들을 갖춘 공동체를 위한 기초를 놓을 수도 있다고 제안한다.[53]

비록 현대성이 서구로부터 나오기는 했으나, 오늘날 경제적·정치적 권력의 중심지들은 바뀌고 있다. 몇 년 전에 나는 한국을 방문할 기회가 있었는데 그 나라가 지난 수년간 얼마나 많이 발전했는지를 보고 깜짝 놀랐다. 당시 나는 서구의 쇠퇴와 세상의 급속한 변화를 느끼고 돌아왔다. 서구식 소비주의는 분명히 지속 가능하지 않다. 그리고 2008년에는 그 거품이 거의 터질 뻔했다. 북미 지역의 문화는 그것은 일시적 상황 변화일 뿐이며, 만약 우리가 밖으로 나가 더 많은 돈을 쓴다면 기하급수적인 성장이 다시 시작될 것이라고 가르친다. 이것은 참으로 전형적인 신화다. 그 결과 지금 서구는 이데올로기적으로, 그리고 경제적으로 위기에 처해 있다.

이런 위기 속에서 우리는 치명적 형태의 세속주의 출현을 목도하고 있다. 새로운 무신론(New Atheism)이 그런 예들 중 하나다. 그런데, 아이러니하게도, 그와 동시에 지금 우리는 범세계적으로 나타나고 있는 종교의 커다란 부흥, 특히 필립 젠킨스(Philip

---

53 Philip Bess, *Till We Have Built Jerusalem: Architecture, Urbanism, and the Sacred* (Wilmington, DE: ISI Books, 2006).

Jenkins)가 거듭해서 상기시키듯 개발도상국들에서 나타나고 있는 정통 기독교의 부활을 목격하고 있다. 서구에 사는 우리는 그가 쓴 널리 알려진 책의 제목인 "The Next Christendom"[54]에 신중하게 주목할 필요가 있다. 오늘날 기독교가 빠르게 성장하고 있는 곳은 개발도상국들이다. 그리고 마땅히 우리는 그런 나라들에 있는 교회들과 협력하며 관계를 발전시켜 나가야 한다. 새로운 세계 질서 속에서 그들이 우리를 필요로 하는 것보다 우리가 훨씬 더 그들을 필요로 하게 될 수 있다.

오늘날 세속화된 서구는 특히 급진적인 이슬람의 도전을 통해 종교의 역할을 재평가하도록 강요받고 있다. 서구에서 급진적인 이슬람 세력이 급증하기 전까지 대부분의 정치 평론가들은 종교를 공적 차원에서 진지하게 다루는 데 필요한 렌즈를 갖고 있지 않았다. 기독교와 마찬가지로 이슬람 역시 개발도상국들과 아프리카에서 급속도로 성장하고 있다. 실제로 우리는 아프리카인 두 명 중 한 명은 기독교인이거나 무슬림인 상황에 접근하는 중이다.

---

54 Philip Jenkins, *The Next Christendom: The Coming of Global Christianity*, 3rd ed. (Oxford: Oxford University Press, 2011, 『신의 미래: 종교는 세계를 어떻게 바꾸는가?』, 웅진씽크빅). 또한 그의 책 *The New Faces of Christianity: Believing the Bible in the Global South* (Oxford: Oxford University Press, 2006); *God's Continent: Christianity, Islam, and Europe's Religious Crisis* (Oxford: Oxford University Press, 2007)를 보라.

이것은 오늘날 국가들이 마주하고 있는 심각한 문제 중 하나가 다원주의(pluralism)라는 것을 의미한다. 여러 해 전에 제임스 사이어(James Sire)는 *The Universe Next Door*[55]라는 고전적인 책을 썼다. 이 책의 제목은 우리가 우주를 근본적으로 다른 방식으로 이해하는 이들 곁에서 살아가게 될 수도 있음을 환기시킨다.

흥미롭게도 지금은 서구 기독교에 굉장한 기회의 때이기도 하다. 예컨대, 서구의 민주주의 국가들은 자신들이 자선기금을 점점 더 늘려 가고 있음에도 빈곤을 완화하는 데 별 효과를 보지 못하고 있음을 알게 되었다. 미국에서는 1996년에 "자선 기관 선택"(Charitable Choice)에 관한 법이 제정되기 이전에는("자선 기관 선택 법률"은 종교 관련 단체들이 그 종교의 정체성을 유지하면서도 다른 비종교 복지 기관들에게 적용되는 동일한 기준에 따라 공적 기금을 받을 수 있도록 한 정책이다. – 역주), 종교 기관들은 자신들의 종교적 특수성을 지우고 본질적으로 세속적 기관으로서 활동하지 않으면 자선 사업을 위한 정부 기금을 신청할 수 없었다. 그러나 도움을 필요로 하는 이들 가운데서 살며 사역하는 것이 대체로 종교 집단이라는 인식이 생겨났고, "자선 기관 선택"이라는 법이 제정됨으로써 종교 기

---

55 James Sire, *The Universe Next Door: A Basic Worldview Catalog*, 5th ed. (Downers Grove, IL: InterVarsity, 2009, 『기독교 세계관과 현대 사상』, IVP).

관들이 그들의 특수성을 지우지 않고서도 자선 활동을 위해 정부 기금을 요청할 수 있는 길이 열렸다. 유사한 움직임이 영국에서도 일어났다. 혹시 급진적인 이슬람 세력이 그런 일들을 왜곡시킬 수도 있으나, 가난한 이들을 진심으로 섬기고 그들의 상황을 향상시키고자 하는 건강한 종교의 필요성은 더욱더 분명해지고 있다.

세계화의 힘은 아주 막강해서 어떤 나라도 그 영향을 받지 않을 수 없다. 나는 남아프리카공화국에서 성장했고 매년 그곳을 방문한다. 남아공은 아름다운 나라이고 내 마음속 깊은 곳에 자리 잡고 있는 나라다. 그러나 그 나라가 마주하고 있는 도전들은 아주 많다. 아파르트헤이트의 어두운 시절에서 벗어난 후 사람들은 큰 희망을 가졌으나 지금 그런 희망은 범죄, 부당한 행정, 부패로 인한 도전들로 인해 현격하게 줄어들었다. 아파르트헤이트에 맞서 지칠 줄 모르고 싸웠던 많은 이들이 오늘날의 그런 흐름에 경종을 울리고 있다. 하지만 놀라운 것은 오늘 남아공이 직면한 도전들을 남아공의 역사와 남아공이 마주한 세계화의 교차점에서 진단해야 할 필요가 있음을 지적하는 이들이 없다는 것이다. 넬슨 만델라(Nelson Mandela)를 석방하고 아프리카민족회의(African National Congress) 및 다른 기관들에 대한 금지령을 풀어 준 것은 좋건 나쁘건 남아공으로 하여금 다시 한번 세상을 향해 문을 열도록 만들었다. 새로 태어난 남아공을 강타한 첫 번째 대형 부패 스캔들은 무기 거래였는데, 그 진실은 아직도 밝혀지지 않았다. 안타깝게도 서구의 기업들이 이 부패 스캔들에서 핵심적 역할을 했다.

우리는 남아공만의 이야기와 그 나라가 마주하고 있는 세계화 사이의 접점을 살피지 않고서는 남아공이 직면한 도전들을 이해하지 못한다. 그리고 그것은 우리의 특별한 문화 역시 마찬가지일 것이다. 예컨대 캐나다는 남아공과는 아주 다른 역사를 갖고 있다. 그러나 캐나다 역시 지금 캐나다만의 역사와 세계화 사이의 접점에 서 있다. 설교자는 세계적인 변화와 그런 변화가 매일 우리에게 어떻게 영향을 주는지를 분명하게 의식할 뿐 아니라 그 자신만의 문화에 집중할 필요가 있다.

다음으로 특정한 회중이라는 문제가 있다. 지역 교회는 설교라는 비행기가 매주 착륙해야 할 곳, 즉 공항이다. 최근 수십 년간 선교학은 지역 교회의 중요성을 인식해 왔다. 예를 들어 레슬리 뉴비긴(Lesslie Newbigin)은 지역 교회의 해석학에 대해 말했는데, 그것은 세상에서 복음이 해석되고 실제적이 되고 그럴듯한 것이 되는 것은 지역 교회 안에서, 그리고 지역 교회를 통해서라는 의미였다.[56] 비행기의 기장은 성령이시다. 그러나 설교자들은 성령과 협력하면서 비행기를 착륙시키는 일에 전문가가 될 필요가 있다.

---

56 Lesslie Newbigin, *The Gospel in a Pluralist Society* (Grand Rapids: Eerdmans, 1989, 『다원주의 사회에서의 복음』, IVP).

목회자/설교자는 양 떼가 하나님께 주목하도록 인도하기 위해 양 떼에 의해 구별되고 대개 그들에게서 봉급을 받는다.

때때로 우리는 설교하는 것은 좋아하지만 상담과 목회 사역은 싫어하는 목회자들을 만날 때가 있다. 일부 목회자 팀에서는 그런 식으로 직무를 나누기도 한다. 이런 일이 갖고 있는 위험성은 아주 분명하다. 어떻게 우리가 우리의 회중에 대해, 그리고 그들의 모든 기쁨과 분투와 도전들에 대해 소상하게 알지 못하는 상태에서 설교를 할 수 있을까? 유감스럽게도, 조사 결과에 의하면, 설교와 회중의 실존적 필요 사이의 간격은 너무나 자주 실제적이다. 피에터즈(H. J. C. Pieterse)는 그의 탁월한 책 『설교의 커뮤니케이션』(Communicative Preaching, 합동신학대학원 출판부)에서 이렇게 보고한다. "회중이 메시지를 실제로 받아들이는 문제와 관련된 경험적 연구는 설교 행위의 어떤 부분이 부족한지를 드러냈다. 주된 문제는 설교자들이 회중의 필요와 생각과 의견이 무엇인지를 정확하게 알지 못한다는 것이다. 그들의 세계는 회중의 세계로부터 너무 멀리 떨어져 있다."[57]

요한계시록 1:13에서 그리스도는 "촛대 사이에" 계신 분으로 묘사된다. 그 촛대들은 개별적인 교회들을 상징한다. 만약 그리스

---

[57] H. J. C. Pieterse, *Communicative Preaching* (Pretoria, South Africa: Unisa Press, 1987), 75.

도가 우리 가운데 거니시고 "세상의 빛"(마 5:14)으로서 자기 백성의 건강에 관심을 기울이신다면, 목회자와 회중의 관계에서는 그런 일이 얼마나 더 필요하겠는가? 설교자는 목회자가 되어야 하며 목회자로서 회중의 삶에 집중할 필요가 있다. 인간관계를 맺는 능력과 기밀을 유지하는 능력이 필수적으로 요구된다. 주일 예배 후 커피 모임은 중요하다. 하지만 만약 그것이 설교자가 회중과 갖는 유일한 접촉이라면, 그것은 한심할 정도로 불충분하다. 교인들의 삶은 대부분 교회 밖에서 이루어진다. 그리고 설교자는 교인들이 삶의 대부분을 보내는 곳에서-그들의 일터, 집, 운동 경기장에서-그들과 만날 필요가 있다. 양 떼와 목자 사이에 관계의 다리를 놓음으로써 둘 사이에 교류가 지속되게 해야 한다. 그렇게 할 때에만 설교자는 자신이 매주 설교라는 비행기를 착륙시켜야 하는 회중에 대한 상세한 지식을 얻을 수 있다.

내 생각에 우리는 이 분야에서 열심히, 그리고 철저히 노력할 필요가 있다. 인간관계는 꼭 필요하다. 그러나 경험적 연구 역시 큰 도움이 될 수 있다. 영국에서 공부할 때 나는 그곳의 교회들이 자신들의 강점과 약점을 확인하기 위해 감사를 받는 것에 주목했다. 우리는 교회 재정과 관련된 감사는 당연한 듯 받는다. 그러나 나머지 문제와 관련해서는 그냥 어슬렁거리면서 우리 교회 안에, 그리고 우리의 설교 안에 마땅히 감사를 받아야 할 만큼 위태로운 상태에 처한 것들이 너무 많다는 사실에 대해서는 생각조차 하지 않으려 한다.

근래에 성경적인 설교는 '쌍방향 도로'라는, 혹은 실천신학자들이 말하는 것처럼 "대화적"이라는 인식이 많아지고 있다. 설교자뿐만 아니라 회중도 하나님 말씀을 받는 일에 책임이 있다. 예컨대, 게오르그 피체돔(Georg Vicedom)은 사도들만의 특별한 역할을 인정하면서도 좀 더 나아가 다음과 같이 말한다. "바울은 교회의 이름으로 그의 일을 했고, 교회는 그와 함께 그의 일에 책임을 졌다. 바울 안에는 그 두 가지 모두가, 즉 사도적 권위와 교회의 공동 책임이 모두 함축되어 있다."[58] 피체돔에 따르면, 장로들과 감독들은 "교회가 실제로 계속해서 사도들의 토대 위에 서 있는지에 관심을 갖는 파수꾼일 뿐이다. 그들 자신은 토대가 아니다."[59] 설교자는 그리스도가 자기 백성에게 말씀하시기 위해 사용하시는 도구다. 그러나 그리스도의 말씀에 대한 설교자와 백성의 반응은 동등하게 중요하다. 피체돔은 다음과 같이 주장한다.

> 활동하시는 주님이 가장 중요한 것이 되어야 하는 것은 분명하다. 그러나 주님이 계신 곳에서는 가시적인 교회가 나타나고,

---

58 Vicedom, *Mission of God*, 63.
59 Ibid., 64.

그 교회는 선포(proclamation)를 통해서뿐 아니라 **무엇보다도 '들음'(hearing)을 통해서** 살아가는데, 이것은 증언을 위한 필요조건이다. 또한 교회는 바로 그 **'들음'을 통해서** 그리스도를 통해 효과적인 것이 되는 사랑 안에서 살아간다. 교회는 경배와 송영 안에서 살아간다. 교회는 성례 안에서, 또한 그러하기에 승귀하신 주님과의 교제 속에서 살아간다.[60]

우리는 그동안 특정한 주일에 비행기를 착륙시켜 왔다고 생각할지도 모른다. 그러나 실제로 그러한지 아닌지를 우리가 어떻게 알 수 있는가? 만약 말씀을 듣는 것이 그것을 선포하는 것만큼이나 중요하다면, 우리에게 필요한 것은 회중이 말씀에 신중하게 주목하고 또한 그것을 **창조적으로** 수용하는 것이다.

나는 설교 자체의 중요성을 깎아내릴 생각은 추호도 없으며, 오히려 그 중요성을 강조하고자 한다. 그런 맥락에서 존 스토트는 다음과 같이 지적한다. "일반적인 회중은 보다 성경적이고 현대적인 설교를 요구함으로써, 그들의 목회자를 행정 업무로부터 해방시켜 보다 많은 시간을 들여 설교를 연구하고 준비하게 함으로써, 또한 목회자들이 설교에 대한 책임을 진지하게 수행할 때 감사와 격려를 함으로써, 자신들이 듣는 설교의 기준에 대해 자기들

---

60 Ibid., 86, 강조는 필자가 한 것임.

이 인식하는 것보다 훨씬 더 큰 영향을 끼칠 수 있다."[61] 우리는 설교자들이 그들의 임무를 진지하게 수행해야 한다고 말할 필요가 있다. 내 생각에 교회는 하나님의 말씀을 받는 주된 장소다. 그러므로 예배의 나머지 시간에는 아무런 주목도 받지 못할 간략한 메시지만 급하게 준비하는 것은 설교자에게 주어진 귀한 소명을 방기하는 것이다. 나는 설교의 길이에 대해서는 이러쿵저러쿵 말하고 싶지 않다. 어떤 설교자들은 설교를 아주 길게 하지만 당신은 그것을 알아차리지 못할 수도 있다. 반면에 어떤 설교자들은 그런 재능을 갖고 있지 않다. 그러나 설교가 길든 짧든, 우리는 그 설교를 준비하는 데 고된 작업이 필요했을 것이라 확신할 수 있다. 오늘날 성경학의 위치에 대해서는 해야 할 말이 아주 많다. 하지만 충분하게 훌륭한 연구가 이루어지고 있으며, 따라서 적어도 서구의 설교자들이 설교하고자 하는 성경 본문이 무엇이든 그것과 관련해 활용할 수 있는 훌륭한 주석들은 얼마든지 있다. 만약 우리가 헬라어나 히브리어를 읽는 훈련을 받았다면, 우리는 매주 성경이라는 밭에서 값진 진주를 캐내기 위해 땅을 깊이 파야 할 때 그렇게 훈련받은 것을 계속 활용할 필요가 있다.

성경학자로서 잠시 개인적인 말을 하자면, 우리 중 많은 이들은―비록 그 집단 안에서는 소수이기는 하지만―교회를 섬기는

---

61 Stott, *I Believe in Preaching*, 12.

성경 연구에 삶을 바쳐 왔고 성경 연구가 그 방향으로 나아가게 하기 위해 애써 왔다. 내가 보기에 성경학자들은 막(幕) 뒤에 있는 이들과 같다. 반면에 설교자들은 무대 앞에 서 있다. 우리가 부르심을 받은 위대한 일을 성취하기 위해서는 그 두 가지 역할이 모두 다 반드시 필요하며, 또한 둘 사이의 건강한 협력 관계가 필요하다. 안타깝게도 오늘날 학자들이 설교를 진지하게 여기는 것은 특이한 일이 되었고, 설교자들이 학문을 진지하게 여기는 것 역시 특이한 일이 되었다. 그 결과 양쪽 모두 평범한 존재가 되는 것에 만족하고 있으나, 사실 우리 모두는 탁월함을 위해 노력해야 할 필요가 있다.

위에 인용한 글에서 스토트가 지적하듯이, 회중은 설교자가 탁월한 설교를 하도록 돕는 데 중요한 역할을 할 수 있다. 그들이 할 수 있는 가장 중요한 공헌은 말씀을 받는 것이다. 그리고 우리는 그런 일이 일어날 수 있는 공간을 만들 필요가 있다. 예컨대, 회중이 말씀을 받아들이고 그 말씀이 그들의 삶에 어떤 의미가 있는지를 논의하기 위한 공간과 시간을 만들어 우리의 설교가 보완되도록 하지 말아야 할 이유는 어디에도 없다. 이것은 여러 가지 형태로 나타날 수 있다. 예컨대 우리는 설교 후에 회중이 소그룹으로 모여 하나님이 그들에게 무슨 말씀을 하고 계신지, 그리고 그 말씀이 그들에게 어떤 의미가 있는지에 대해 논의하는 시간을 예배에 포함시킬 수 있을 것이다. 또한 예배 시간에 그런 그룹들에서 나온 반응을 간략하게 보고하는 시간을 가질 수도 있다. 남아공에 있는 내 친구 목사는 또 다른 모델을 실천하고 있다. 그는 그 교회의 소그룹들로 하여금 다음 주일에 자기가 설교할 성경 본문을 **주중에** 미리 살펴보게 한다. 회중이 소그룹 상황에서 그 본문에 대해 미리 숙고할 시간을 갖게 하기 위함이다.

요약하자면, 우리는 회중이 말씀을 받아들이는 일에 가능한 한 온전히 관여할 수 있도록 다양하고도 창조적인 방법들을 찾을 필요가 있다. 만약 우리가 성경의 어느 한 책에 대한 강해 설교를 계획할 때, 회중에게 그 책에 관한 이해하기 쉬운 주석을 구입해 읽게 한다면, 우리가 매주 그 책을 강해해 나갈 때 회중은 그 주석을 통해 도움을 받을 수 있다. 분명히 우리는 강해하는 책에 대해 회중이 전체적으로 전보다 훨씬 더 익숙해지게 하지 못한 채 그 설교 시리즈를 끝내서는 안 된다. 다시 말하지만, 우리는 회중 가운데서 실제로 말씀이 어떤 식으로 받아들여지고 있는지를 점검하고 살피기 위한 창의적인 방법들을 찾아낼 필요가 있다.

06

비행기 착륙시키기

설교의 적용: 몇 가지 예들

이 장에서 우리는 특정한 성경 본문에 관해 설교할 때 '비행기를 착륙시키는 것'이 무슨 의미인지에 관한 몇 가지 예를 살펴볼 것이다.

첫 번째 예: 갈라디아서 1:10-2:21

갈라디아서를 피상적으로 읽는 이들은 이 서신이 갈라디아의 교회들이 심각한 문제에 빠져 있음을 지적한다고 여긴다. 갈라디아서의 이 단락에서 바울은 자신의 사도됨을 옹호한다. 그는 자신이 사도임을 입증하는 적어도 6개에 이르는 증거들을 제시한다.

1. 특별한 계시를 통해 복음을 받은 것

2. 예루살렘에 있는 사도들이나 유대의 교회들과 무관하게 복음을 받은 것
3. 그리스도인으로서의 초기 활동
4. 그리스도인이 된 후 최초의 예루살렘 방문
5. 14년 후에 있었던 두 번째 예루살렘 방문
6. 안디옥에서 베드로를 질책했던 것

이 단락의 **목적**(*telos*)은 분명하다. 바울의 사도직이 정당함을 견고하게 옹호하는 것이다. 어떤 설교 이론가들에 따르면, 오늘날 우리가 이 본문을 토대로 설교해야 할 것은 바로 이 **목적** 혹은 이 메시지다! 만약 실제 사정이 그러하다면, 그리고 일단 우리가 어느 본문의 목적에 대해 동의한다면, 그 주어진 본문에 대한 우리의 모든 설교는 놀랄 만큼 유사할 것이다. 회중에게 사도들이 교회의 터이며, 그들의 증언이 오늘 우리가 신약성경을 통해 갖고 있는 내용이며, 신약성경 정경성의 기준은 사도성임을 상기시키는 것은, 의심할 것도 없이, 언제라도 가치 있는 일이 될 것이다.

그러나 지금 바울은 갈라디아의 교회들 안에서 발생한 특별한 문제를 다루는 중이다. 만약 당신이 갈라디아 교인들처럼 사도로서의 바울의 권위를 의심하는 회중 앞에 있다면, 그때 당신은 이 본문의 목적을 설교할 필요가 있을지도 모른다. 하지만 오늘날 우리 중 많은 이들은 그런 상황에 있지 않다. 그렇다면 우리는 바울

의 사도직이 문제 되지 않는 상황에서 이런 본문을 어떻게 설교해야 하는가? 설교가 본문의 목적과 회중 상황의 교차점에서 나타난다는 것을 기억하라. 그러므로 설교자는 이렇게 물어야 한다. 어떻게 **이 본문이 오늘 이** 회중에게 권위 있게 말하는가? 그 질문에 대한 답은 이 본문으로부터 여러 가지 서로 다른, 하지만 아주 적합한 설교들이 나올 수 있고, 또한 나오리라는 것이다. 이제 나는 우리가 이 일을 어떻게 진행할 수 있는지에 대해 몇 가지 제안을 하고자 한다.

지금 바울은 갈라디아 교인들이 **권위**와 관련해, 특히 사도로서의 그의 권위와 관련해 갖고 있던 문제에 대답하고 있는 중이다. 그러므로 우리는 이렇게 물을 수 있다. 현대성에는, 그리고 우리의 회중 안에는, 권위와 관련해서 – 특히 그분의 말씀을 통해 우리에게 제시되는 하나님의 권위와 관련해서 – 그에 비견할 만한 문제가 있는가?

현대성과 관련해 이런 질문을 던지자마자 우리는 갈라디아서에서 다루고 있는 것이 얼마나 폭발력 있는 것인지를 깨닫기 시작한다. 종교적 권위에 대한 거부와 인간의 자율성에 대한 주장에는 굉장할 정도로 현대성이 전제되어 있다. 특별 계시는 의심스러운 것으로, 그리고 그 어떤 공적 중요성도 갖고 있지 않은 것으로 간주된다. 실제로 유대인 사회학자 필립 리프(Philip Rieff)는 문화 형성에는 언제나 거룩한 질서를 사회 질서로 변형시키는 것이 포함되지만, 오늘날 서구에 사는 우리는 인류 역사상 처음으로 거룩한 질서 없이 무언가를 하고자 하는 상황에서 살아가고 있다고 주장한다.[62] 간단하게 말하자면, 우리는 모든 차원에서 하나님 없이 살아가려 하는 중이다. 리프가 지적하듯이, 이것은 파국을 초래하고 그 결과는 엄청날 것이다.

현대성은 우리의 문화적 상황이다. 앞에서 살펴보았듯이, 문화는 물고기가 그 안에서 헤엄치며 살아가는 물과 같다. 그러므로 우리 자신의 문화를 비판적으로 이해하는 것은 아주 어려운 일이다. 만약 우리가 달리 주의하지 않는다면 우리의 현대적인 삶의 방식을 정상적인 것으로 간주하게 된다. 앞에서 언급했던 주택(집)/가정에 관한 비유를 생각해 보라. 주택 가격이 계속해서 상승하고 있는, 중산층이 밀집해서 살고 있는 도시 근교 마을보다 더 정상적인 것이 있을 수 있을까? 하지만 나는 성경적 관점으로 보면 그것은 심각하게 비정상적인 것이라고 주장하고자 한다. 우리가 '비행기를 착륙시키는 일'을 시작하지 않는다면, 우리의 형제자매들은 계속해서 교회에 다니면서 - 우리는 그러기를 소망한

---

[62] 리프의 풍요로운 사상에 관한 훌륭한 입문서로는, Antonius A. W. Zondervan, *Sociology and the Sacred: An Introduction to Philip Rieff's Theory of Culture* (Toronto: University of Toronto Press, 2005)를 보라.

다―별 생각 없이 현대성에 순응하는 삶을 살아갈 것이다. 부모들은 그들의 교육을 지배하고 있는 이데올로기에 관해 잠시도 생각해 보지 않은 채 자녀들을 가장 현대적인 대학들로 보내 그런 이데올로기의 "제자가 되게" 할 것이다. 그리고 나서 우리는 어째서 그렇게 많은 젊은이들이 신앙을 잃어버리고 있는지 의아해할 것이다. 아마도 기업가들은 이런 문제들을 성경적 관점에서 신중하게 살피지 않은 채 기업 전략에 따라 움직일 것이다.

내가 직감하기로는, 오늘날 설교자와 회중 모두 안에서 인간의 자율성은, 우리 중 누구라도 의심했을 법한 정도 이상으로, 작동하고 있을 것이다. 그리고 갈라디아서의 이 구절은 그 문제, 즉 어떤 형태로든 복음의 권위에, 그리고 삶의 모든 분야에서 하나님의 권위에 순복하기를 거부하는 것에 대해 아주 심각하게 말한다.

당신이 이 모든 말들을 조금 어렵다고 느낄지라도, 나는 변명하지 않을 것이다. 만약 우리가 교회 역시 보내심을 받았다고, 그러하기에 사도들과 함께 "사도직"을 공유하고 있다고 여긴다면, 호켄다이크(J. C. Hoekendijk)가 한 말이 도움이 될 것이다.

> 사도직의 무대는 세상이다. 사도직의 내용은 구원의, 그리고 샬롬의 깃발을 들어 올리는 것이다. 사도직은 샬롬에 대한 공적 선포인 케리그마(kerygma) 안에서, 샬롬에 대한 집단적 참여인 코

이노니아(koinonia) 안에서, 그리고 샬롬의 섬기는 방식을 보여주는 디아코니아(diakonia) 안에서 실현된다.[63]

우리가 보내심을 받은 무대는 세상이다. 그리고 만약 우리가 "샬롬의 깃발"을 들어 올리고자 한다면, 우리는 말씀이 우리의 세상과 어떻게 관계하는지, 그리고 우리가 세상을 이해하는 데 필요한 렌즈를 어떻게 제공하는지에 대해 알아야 한다. 여러 해 전, 프랜시스 쉐퍼의 아들 프랭키 쉐퍼(Franky Schaeffer)는 *Addicted to Mediocrity*(평범함에 중독되다)라는 책을 쓴 적이 있다[64]. 우리는 설교와 관련해, 적어도 비행기를 착륙시키는 문제에 관한 한, "Addicted to Superficiality"(피상성에 중독되다)라는 제목의 책을 쓸 수 있을 것이다. 설교자들은 삶의 모든 분야에서 전문가가 되라는 명령을 받지 않는다. 그러나 만약 그들이 말씀의 피상적인 적용을 피하고자 한다면, 말씀과 세상 모두를 이해하기 위해 열심히 노력해야 할 필요가 있다. 다시 말하지만, 바로 여기에 설교자들과 기독교 학자들이 협력해야 할 분야가 있다. 그것은 문화 분석이라는 분야다.

---

63 J. C. Hoekendijk, "Die Kirche in Missionsdenken," *Evangelische Missionszeitschrift* 17 (1952): 10.
64 Franky Schaeffer, *Addicted to Mediocrity: 20th Century Christians and the Arts* (Wheaton, IL: Crossway, 1981, 『창조성의 회복』, 예영 커뮤니케이션).

그와 동시에 이런 식의 접근법이 상황별 전도에 어떻게 도움이 되는지에 주목하는 것이 중요하다. 창세기 3장에 따르면, 죄의 핵심에는 인간의 자율성을 위한 반역적 추구, 즉 스스로 법이 되고자 하는 일이 있었다. 피체돔은 다음과 같이 옳게 말한다.

> 승귀(昇貴)를 통해 예수님은 하나님의 구원 역사를 파괴하고자 하는 모든 적대적인 세력들에 대해 주님이 되신다. 또한 그분은 어둠의 나라를 구성하고 있는 다른 세상에 대해서도 주님이 되신다. 그분은 교회의 머리가 되신다. 그러므로 하나님은 신실한 사람들을 요동케 했던 모든 크고 핵심적인 문제들을 해결하시는데, 인간이 상상했던 방식으로가 아니라 그분 자신의 방식으로, 그리고 그러하기에 절대적으로 유효한 방식으로 그렇게 행하신다. **인간은 그의 '자기 신격화'로부터 들어 올려져 다시 피조물이 되고 하나님의 동반자가 된다.** 예수 그리스도와 함께 어둠과 무지의 시간은 끝이 난다.[65]

낙태, 성, 건강관리, 경제, 교육, 다른 종교 등 여러 문제에 관한 토론들이 정기적으로 드러내듯이, 인간의 '자기 신격화'는 오늘날 서구의 사고와 삶의 핵심을 이룬다. '자기 신격화'의 중심에는 권위의 문제가 있다. 나는 스스로 권위를 갖고 있는가, 아니면 예수

---

65 Vicedom, *Mission of God*, 53, 강조는 필자가 한 것임.

그리스도를 통해 나에게 오신 하나님께 순복할 때만 참으로 내 자신을 발견하는가? 피체돔이 말하듯이, "복음과 관련해 놀라운 일은, 하나님의 말씀 아래에서 인간은 온전하게 본래의 자신이 될 수 있다는 것이다."[66]

두 번째 예: 창세기 1:16

성경의 장르는 다양하다. 그중 어떤 장르는 다른 장르보다 우리에게 보다 직접적으로 호소한다. 리처드 보컴(Richard Bauckham)은 복음서들은 의도적으로 모든 그리스도인을 위해 쓰였으며, 따라서 과도하게 1세기의 어느 특정한 집단만을 대상으로 하지 않는다고 주장하는 책을 편집한 적이 있다.[67] 그러나 성경의 얼마나 많은 부분이 이미 상황화되어 있는지 알면 놀랄 것이다. 가령, 창세기 1:1-2:3을 예로 들어 보자. 오랫동안 나는 과연 내가 이 본문으로 설교를 할 수 있을지 의심했다. 왜냐하면 그동안 나는 그 본문을 매우 문자적으로 읽도록, 그리고 과학, 진화, 24시간으로 이루어진 날들과 같은 현대적인 문제들과의 연관 속에서 읽도록 교육을 받아왔기 때문이다. 내가 얻은 한 가지 중요한 통찰은, 창세

---

66 Ibid., 106.
67 Richard Bauckham, ed., *The Gospels for All Christians: Rethinking the Gospel Audiences* (Grand Rapids: Eerdmans, 1998).

기 1장이 쓰였을 때 이미 고대 근동에서는 창조에 관한 여러 가지 이야기들이 회자되고 있었다는 것, 그리고 창세기의 저자가 그런 것들을 언급하며 창조에 대한 이스라엘의 접근법이 이방인들의 접근법과 어떻게 다른지에 대해 독자들의 주의를 환기하고 있다는 사실에 대한 깨달음이었다. 한 가지 예를 들어 보자. 고대 근동에서 해와 달은 대개 신으로 숭배되었다. 만약 당신이 창세기 1장을 읽는다면, 당신은 그 책의 저자가 "해"와 "달"에 해당하는 히브리어를 전혀 사용하지 않고, 그 대신에 "큰 광명체"와 "작은 광명체"라고 말하고 있음을 알게 될 것이다(창 1:16). 어째서일까? 해와 달이 신이 **아니라** 하나님의 피조물의 일부임을 의도적으로 지적하기 위해서다. 다시 말해, 창세기 1장은 하나님의 피조물 중 무언가를 신성시하고 그것을 신으로 숭배하는 이방의 세계관에 대해 단호하게 "틀렸어!"라고 말하고 있는 것이다.

의심할 바 없이 오늘날에도 해와 달을 신처럼 숭배하는 이들이 있다. 그리고 우리는 그런 이들에게 창세기 1:16의 목적을 직접 가르칠 수 있다. 하지만 서구 문화라는 상황 속에서는 그런 일을 꿈꾸는 이들이 없다. 그러나 서구 문화 안에서 이교주의는 여전히 건재하다. 왜냐하면 인간이 만들어진 방식과 관련해, 우리는 무언가를 신적인 것으로 다루지 않고서는 견디지 못하기 때문이다. 당신은 사람들이 그것으로부터 궁극적 의미를 끌어내는 대상을 면

밀하게 살핌으로써 그들의 신을 알아차릴 수 있다. 그것은 논리와 이성―즉, "과학"―일 수도 있고 가족이나 부(富), 혹은 개인적 성취일 수도 있다. 인간의 타락의 양상이 그러하다. 그들은 참된 하나님께 굴복하기보다 무언가 다른 것을 신으로 삼으려 한다.

중요한 것은 우리의 이교적 사상이 창세기 1:16이 다루는 것과는 많이 다르다는 점이다. 그러므로 우리는 창세기 1장을 이해하기 위해 노력해야 하고, 이 강력한 본문이 어떻게 우리의 회중과 사회 속에서 작동하고 있는 이교주의를 향한 현재적 유혹과 결부되는지를 살피기 위해 노력할 필요가 있다. 창세기 1:16은 강력하고 현대적인 복음주의 설교에 도움이 된다. 그러나 신자들 역시 이교적 사상에 물들기 쉽다. 욥기를 읽을 때 나는 욥기 1장에서 드러나는 자녀들을 향한 욥의 강박적 독실함이 어떤 문제를 암시한다고 보았다. 그의 신앙은 그에게 가장 소중한 것 즉 그의 가족을 보호하기 위한 목발 같은 도구가 될 위험성이 있었다.[68] 거듭해서 우리는 하나님의 피조물 중 일부를 절대화하는 방식으로 하나님을 대체하려 하고 있다.

---

68 Craig G. Bartholomew, *When You Want to Yell at God: The Book of Job*, Transformative Word (Bellingham, WA: Lexham Press, 2014, 『하나님께 소리치고 싶을 때: 욥기』, 이레서원).

세 번째 예: 출애굽기 20:3

나는 이 책의 많은 독자들이 십계명에 관한 연속 설교를 해 왔을 것이라 여긴다. 십계명은 굉장할 정도로 우리에게 직접 호소하며, 어느 단계에서는 이 책이 추천하는 접근 방식을 통한 숙고가 거의 필요하지 않다. 십계명은, 비록 안식일 계명의 적합성이 논란이 되기는 하나, 신약성경에서도 전제되고 긍정된다. 그러나 여기에서조차 우리는 사려 깊은 접근을 통해 십계명에 대한 우리의 해석과 설교를 심화시킬 수 있다.[69]

성경을 하나의 웅장한 이야기로 읽는 것은 이 점에서 우리의 이해를 돕는다. 십계명은 성경 드라마 3막에서 나타나며, 먼저 여호와와 언약을 맺은 고대 근동의 한 국가인 이스라엘에게 적용된다. 실제로 십계명은 시내산 언약의 중심에 있다. 그 계명들은 이스라엘이 여호와의 백성이 되고 여호와가 그들의 하나님이 되시기 위해 가장 필요한 것이 무엇인지를 상세하게 설명해 준다.

십계명에 관한 연속 설교를 무엇이라고 부를 수 있을까? 나

---

[69] "네 이웃에 대해 거짓 증거하지 말라"라는 제9계명에 대한 순종으로 인한 정치적 결과의 의미에 대해서는, *Bill Browder, Red Notice: A True Story of High Finance, Murder, and One Man's Fight for Justice* (New York: Simon and Schuster, 2015)에 실려 있는 빌 브라우더(Bill Browder)의 러시아인 변호사 세르게이(Sergei)가 용기 있게 행동한 이야기를 보라. "간음하지 말라"라는 제7계명이 초래할 수 있는 문제와 관련해서는, 마가복음 6:14-29을 보라.

는 패트릭 밀러(Patrick Miller)가 십계명을 "선한 이웃 됨의 에토스"(the ethos of the good neighborhood)라고 묘사했던 것보다 더 나은 제목을 떠올릴 수 없다.[70] 이스라엘의 하나님은 창조주 하나님이시다. 따라서 그분의 법이나 가르침은 피조물의 성질에 들어맞는다. 그렇다면 십계명은 인간이 번영하는 길을 알려 주는, 또한 하나님이 인간에게 바라시는 삶의 길을 알려 주는 이정표들이다! 십계명은 나쁜 소식이 아니라 좋은 소식, 즉 복음이다.

그러나 십계명은 이스라엘이라는 나라에 주어졌다. 그리고 성경 드라마의 5막에서 하나님의 백성은 더 이상 하나의 나라가 아니라 세상의 열방 중에 흩어져 있다. 또한 십계명은 **고대 근동의** 이스라엘이라는 나라에 주어졌으며 그 지역의 역사적·문화적 특수성을 반영하고 있다. 가령, 제1계명을 예로 들어 보자. 앞서 지적했듯이 나는 그 계명이 금하는 것이 이스라엘의 성소와 성전 안에서 다른 신들을 섬기는 것이라는 견해에 동의한다. 나는 이것이 "내 앞에"가 의미하는 것이라고 여긴다. 고대 근동에서는 체제 안에서 다수의 신들을 섬기는 것이 일반적인 관례였다. 여러모로 신들은 많으면 많을수록 좋았다! 하지만 이스라엘에서는 그렇지 않았다. 이스라엘에는 여호와를 표현하는 말이 없었을 뿐 아니

---

[70] Patrick D. Miller, *The Way of the Lord: Essays in Old Testament Theology* (Grand Rapids: Eerdmans, 2007).

라 – 고대 근동에서는 여호와의 이름을 부르는 것이 여호와를 모욕하는 행동이었다 – 다른 신들도 표현되어서는 안 되었다.[71] 사실상 이스라엘은, 비록 그 개념의 온전한 의미는 보다 천천히 드러났으나, 유일신을 섬기는 나라였다.

그러므로 제1계명은 예배의 순전함에 관해 말하고, 이스라엘의 반복적인 유혹거리였던 우상 숭배를 거부한다. 이것은 그분의 백성 가운데 있는 그분의 경쟁자들에 대한 여호와의 질투와 거부를 환기시킨다.

성경 드라마 4막에서는 하나님 백성의 구조와 제도가 급격하게 변화된다. 중앙 성소는 더 이상 존재하지 않는다. 이제 하나님의 백성은 전 세계의 수많은 곳에서 영과 진리로 예배한다. 더 나아가, 오늘날 서구에서는 우리가 다양한 신들을 섬기는 신전을 세우는 일은 없을 것이다. 시대가 바뀌었다. 그러나 순전한 예배와 우상 숭배 거부에 대한 도전은 여전히 남아 있다. 여러 해 동안 설교를 들었으나 나는 예배의 순전함에 관한 설교를 한 번도 들어본 기억이 없다. 그러나 제1계명은 예배가 오염될 수 있음을 분명히 밝힌다. 오늘날 그런 일은 어떻게 일어날 수 있는가? 만약 우리가 '비행기를 착륙시키고자' 한다면, 이것은 중요한 질문이다. 또한 이 점과 관련해 우리의 회중 안에는 어떤 특별한 위험들이 도사리

---

71 이것은 학자들이 "일신 숭배"(monolatry)라고 부르는 것이다.

고 있는가?

오염의 한 예는 우리가 서론에서 언급했던 자유주의적인 설교다. 그런 설교는 주님의 이름으로 우리의 현재 세상을 향해 메시지를 전하려 하지만, 우리는 그것이 어디로부터 오는 것인지 알지 못한다. 복음주의자들 역시 말씀이 회중에게 말하는 것보다 자기들이 회중에게 들려주고 싶은 말을 하기 위해 성경을 오용하는 일에서 자유롭지 않다.

제1계명 중 "다른 신들을 두지 말라"라는 표현에 집중해 보자. 우상은 인간이 살아 계신 하나님 외에 다른 무언가에 절대적 가치를 부여할 때 나타난다. 한 가지 묻겠다. 우리 시대의 우상들과 그 우상들이 우리의 회중에게서 나타나는 가능한 방식들에 대한 어느 정도의 의식 없이 어떻게 우리가 이 다이너마이트로 가득 찬 비행기를 착륙시킬 수 있겠는가? 우리 시대의 우상들에 대한 정확한 의식이 없다면, 우리는 이 계명을 하찮은 것으로 만들어 버리고 말 것이다. 나의 좋은 친구인 네덜란드의 경제학자 밥 하웃즈바르트(Bob Goudzwaard)는 영어로 *Idols of Our Time*(우리 시대의 우상들)[72]이라고 번역된 책을 썼다. 그리고 만약 우리가 출애굽기 20:3이라는 비행기를 착륙시키고자 한다면, 우리에게 필요한

---

[72] Bob Goudzwaard, *Idols of Our Times* (Downers Grove, IL: InterVarsity, 1984, 『현대·우상·이데올로기』, 한국기독학생회출판부).

것은 그런 종류의 분석이 될 것이다. 오직 그렇게 할 때에만 이 본문이 우리 가운데서 우리를 흥분시키는 일을 수행하고 우리로 하여금 현대를 가득 채우고 있는 우상들을 끊어 내어 우리가 참으로 하나님의 백성으로서 살아가게 되리라는 희망을 품게 할 것이다.

내가 성장했던 남아공에서는 아파르트헤이트 시절에 사람들이 인종적 순수성, 백인과 유럽 문화의 우월성이라는 우상 숭배에 빠져 있었다. 온 세계가 그런 상황을 볼 수 있었다. 하지만 대부분의 남아공 복음주의자들은 그런 상황을 보지 못하거나, 아니면 보지 않기로 선택했다. 이것으로부터 배워야 할 교훈이 하나 있다. 문화는 정말로 우리의 일부이기에 우리로서는 날마다 무엇이 우리를 형성해 나가는지 알기가 매우 어렵다는 것이다. 예컨대, 남반구에 위치한 개발도상국 사람들은 북반구의 선진국이 소비자 자본주의에 물들어 있음을 알고 있다. 하지만 북반구에서 사는 우리는 우리가 **더 많이** 가질 권리가 있다고 여긴다. 캐나다의 가톨릭 철학자 찰스 테일러(Charles Taylor)는 *The Malaise of Modernity*(현대성의 병폐)[73]라는 제목을 지닌, 작지만 중요한 책을 썼다. 그리고 그 책은, 지금 우리가 그 안에서 헤엄치고 있고 그것을 향해 설교하고 있는 우리의 상황을 이해하기 위해, 하웃즈바르

---

73 Charles Taylor, *The Malaise of Modernity*, CBC Massey Lecturres (Toronto: Anansi, 1991, 『불안한 현대 사회』, 이학사).

트의 *Idols of Our Times*와 함께 읽어야 할 기본적인 책이 될 것이다.

네 번째 예: 에베소서 6:10-20

오늘날 영적 전쟁은 사람들의 큰 관심사다. 아마도 이 책의 독자들 중 많은 이들이 하나님의 전신갑주에 관한 설교를 연속으로 하게 될 것이다. 이 단락은 에베소서 전체 안에서, 그리고 정경 성경 전체의 문맥 안에서 읽어야 한다. 구약성경에서 하나님에 대한 일반적인 칭호는 "만군의 여호와"이다. 그리고 많은 이들은 이때의 "만군"이 하늘의 군대를 가리킨다고 여긴다. 그러므로 전투 모드에 돌입한 그리스도인들에 대해 생각할 때, 우리는 그들이 하나님을 반영하고 있다고 여긴다. 바울의 서신에서 전형적으로 나타나듯이, 에베소서 역시 교리적인 부분과 윤리적인 부분으로 나뉜다. 즉 1-3장과 4-6장으로 나뉜다(로마서 1-11장, 12-16장과 비교하라). 하나님이 그리스도 안에서 이루신 일의 범위를 권위 있게 설명하고 그 일이 독자들의 삶에 갖는 의미를 살핀 후, 바울은 그의 편지를 영적 전쟁에 관한 이 단락으로 마무리한다. 어째서일까?

만약 언젠가 런던 지하철로 여행을 한다면, 당신은 지하철을 타고 내릴 때 반복적으로 들려오는 방송에 익숙해질 것이다. "틈을 조심하세요!" 나는 이것이 에베소서 6:10-20이 말하고자 하는 것이라고 주장한다. 즉 그것은 진리를 아는 것과 그 진리를 살아내는 것 사이의 틈에 관한 말씀이다. 복음을 따라 사는 것이 어떤 것인지를 이해하고 날카롭게 의식하는 것과 실제로 매일의 삶 속에서 그렇게 살아가는 것은 전혀 다른 일이다. 바울은 우리가 매일 복음을 따라 살려고 할 때 마주하게 되는 저항을 날카롭게 인식하고 있다. 그러므로 영적 전쟁에 관한 이 마지막 단락은 그 틈을 극복하기 위한 수단으로 제시된 것이다.

에베소서는 그것이 십중팔구 다수의 교회들에게 보낸 일반서신이라는 점에서 바울의 다른 서신들보다는 복음서에 더 가깝다고 할 수 있다. 우리가 그렇게 생각하는 까닭은 에베소서의 헬라어 사본들 중 가장 초기의 사본 가운데 몇 개가 에베소서 1:1의 "에베소에 있는"이라는 말을 포함하고 있지 않기 때문이다. 그럼에도 나는 설교에 대한 우리의 접근법이 상황적 측면에서 다른 것들보다 특별하지 않은 이 책을 이해하는 일에서도 어떻게 도움이 되는지를 보여 줄 수 있기를 바란다. 실제로 우리가 그 안에 속해 설교하고 있는 상황을 인식하는 것은 에베소서 6장의 적용뿐 아니라 그것에 대한 우리의 읽기에도 도움을 준다.

내가 목회 초기에 하나님의 전신갑주에 관한 연속 설교를 했던 것이 기억난다. 나는 전신갑주의 모든 부분을 상세하게 설명했다. 내가 목표했던 것은 회중 모두에게 전신갑주의 각 부분을 온전하게 입히는 것이었다. 유감스럽게도 나는 이 구절을 철저하게 개인주의적 방식으로 다뤘다. 그러면서 "군사"들을 각각 삶의 전장으로 내보내 홀로 싸우게 했다. 서구의 개인주의는 찰스 테일러가 말하는 이른바 "현대성의 병폐" 중 하나다. 그리고 나는 내가 속한 문화에서 비롯된 개인주의에 대한 내 자신의 이해를 그 본문에 적용했다. 그러나 만약 당신이 이 구절을 헬라어로 읽는다면, 이 구절에 등장하는 명령법의 주어 전체가 **2인칭 복수**로 되어 있음을 알게 될 것이다! 바울의 독자들은 함께, 그리고 전체로서 하나님의 전신갑주를 입으라는 명령을 받고 있다. 바울 시대에는 그 어떤 군사도 홀로 전투에 나가려는 생각을 하지 않았다. 그것은 미친 짓이었다. 그러나 나는 나의 형제와 자매들을 홀로 전장으로 내보내고 있었다. 물론 그 전투는 홀로 수행하기에는 너무 위험하고 심각한 것이었다.

비행기를 착륙시킨다는 측면에서, 우리의 상황을 인식하는 것은 우리가 이 본문을 설교하는 데 어떻게 도움이 될 수 있을까? 서구의 개인주의에 맞서, 우리가 승리를 바라며 싸우고자 한다면 우리에게 서로가 얼마나 필요한지를 지적하면서 그 본문을 공동체적으로 설교할 필요가 있다. 사도행전을 통해 우리는 당시에 바울과 여러 사도들이 어떤 싸움과 마주했었는지 알고 있다. 그러나 우리 시대의 전장은 어디인가? 다시 한 번, 기독교적 문화 분석이 꼭 필요해진다. 이 문제를 신중하게 살피지 않는다면, 우리는 영적 전쟁을 사소한 것으로 만들고, 우리 시대의 커다란 전투들을 (어떤 이들이 그래 왔던 것처럼) '닌자 거북이'(Ninja Turtles)와 '해리 포터'(Harry Potter) 같은 영화의 수준으로 자리매김할 뿐이다! 마르틴 루터는 만약 우리가 전투가 벌어지고 있는 곳이 아닌 장소에서만 싸운다면 우리는 전혀 싸우고 있는 게 아니라고 통찰력 있게 말한 적이 있다.[74] 만약 회중에게 우리 시대의 전투들을 확인시켜 주고 또한 그들이 어떻게 이미 전투에 개입해 있는지를 깨닫도록 돕고자 한다면, 상황에 대한 실제적이고 심층적인 인식을 가져야 한다. 언론에는 우리 시대의 주요한 문제들이 무엇인지를 알려 주기 위해 떠들어 대는 목소리들이 적지 않다는 것에 유념하라. 가령 동성 간 결혼의 사회적 정당성, 생태계에 대한 위협, 안락사에 대한 개인의 권리 같은 것들이다. 이런 문제들 중 어느 것도 단순하지 않으며, 우리는 그 문제들을 신중하고도 분별력 있게 성찰할 필요가 있다. 실제로 그런 연속 설교를 하기 전에 회중에게 이 시

---

[74] "만약 내가 가장 큰 소리로, 그리고 가장 분명한 설명을 곁들여 하나님의 진리의 모든 부분을 공언하면서도 세상과 마귀가 그 순간에 공격하고 있는 바로 그 작은 지점을 제외하고 있다면, 내가 아무리 담대하게 그리스도에 대해 고백하고 있을지라도, 사실 나는 그리스도에 대한 고백을 하고 있는 것이 아니다. 군사의 충성이 입증되는 곳은 전투가 벌어지는 곳이다. 만약 그가 그곳에서 주춤거린다면, 그가 그 외의 모든 전장에서 흔들림 없이 꾸준함을 보이는 것은 그저 도피이고 치욕일 뿐이다."(Martin Luther, in *D. Martin Luthers Werke. Briefwechsel*, Weimar, 1930-), 3:81.

대의 중요한 영적 전쟁의 장소가 어디라고 여기는지 묻는 설문조사를 해 보는 것은 멋진 일이 될 것이다. 또한 그런 설문은 회중의 관점이 어떻게 변했는지—혹은 변하지 않았는지—를 살피기 위해 연속 설교가 끝난 후에도 실시할 수 있을 것이다.

나는 네덜란드의 철학자 헤르만 도예베르트(Herman Dooyeweerd)가 쓴 Roots of Western Culture: Pagan, Secular and Christian Options(『서양 문화의 뿌리』, 크리스챤다이제스트)라는 책 제목을 좋아한다. 그것은 하나님 나라와 어둠의 나라의 넓이를 상기시킨다. 창조 세계 전체가 하나님께 속해 있다. 또한 그 세계의 모든 영역이 악에 의해 시달림을 당하고 있다. 우리는 이 시대와 상황 속 어느 곳에서 전투가 벌어지고 있는지 살펴야 할 필요가 있다. 나는 10대 때 아파르트헤이트 시절의 남아공에서 그리스도를 믿고 회심한 후 활기차고 생생하게 살아 있는 복음주의 기독교 안으로 들어섰다. 우리는 우리의 믿음에 대해 열정적이었고 전도 활동에 열심이었다. 하지만 오랫동안 한 교회의 신자로, 그리고 그 후에는 사역자로 지내면서도 단 한 번도 인종차별주의에 대해 회개하라는 엄중한 요청을 들어 본 적이 없다. 그러나 당시에 우리는 매일 가장 억압적인 인종차별주의와 마주하고 있었다! 로마서 13장은 인종차별주의로부터 돌아서라는 그 어떤 요청도 없이 보수적인 방식으로 설교되었다. 물론 그런 요청이 있었더라면 우리는 대부분의 남아공 복음주의자들에게는 출입 금지 지역이었던 정치 분야를 향해 움직였을 것이다. 하지만 우리는 어디가 전장인지를 선택하지 못했다. 그리고 정치는 종종 하나님의 창조 세계 안에서 싸움이 정말 치열한 영역들 중 하나다. 만약 그곳이 전투가 벌어지고 있는 곳이라면, 그곳은 다뤄져야 할 필요가 있는 곳이다. 제도권 교회가 그런 문제를 어떻게 다룰 것이냐 하는 질문은 적절하다. 하지만 그런 문제가 반드시 다뤄져야만 하는지에 대한 질문은 적절하지 않다.

우리의 변화하는 지정학적 상황 속에서 중요한 문제들이 위기에 처해 있다. 그리고 개인적인 영적 전쟁이 무시되어서는 안 되지만, 우리 시대의 커다란 도전들 역시 무시되어서는 안 된다. 왜냐하면 그것들은 우리의 삶에, 그리고 다른 수많은 이들의 삶에 영향을 주기 때문이다.

07

결론

비행기 착륙시키기. 이 단계에서 나는 독자들이 오늘날 설교와 관련된 위기의 심각성에 대한 인식을 갖게 되었기를 바란다. 그 위기는 다름 아닌 하나님의 영광, 그리고 하나님 백성과 하나님 세상의 안녕의 위기다. 말씀은 값비싼 진주를 감추고 있는 밭이다. 그리고 설교자들은 그리스도가 그분의 모든 위엄, 영광, 연민, 그리고 적실성을 지니고 거듭해서 우리에게 나타나시도록 그 밭을 파야 할 책임이 있다.

그렇다면 이제 어떻게 해야 하는가? 결론 삼아 몇 가지 실천적 방안들을 제시해 보고자 한다.

첫째, 회개로 시작하는 것이 현명하다. 설교자들은 설교라는 거룩한 행위에 너무 쉽게 익숙해진다. 그러나 우리는 회개하고, 전력을 다해 설교하는 일에 헌신해야 한다. 기도와 말씀의 합동 사역에 헌신해야 한다. 우리 중 학계에 있는 이들은 설교를 진지하게 여기지 않은 것에 대해 회개해야 한다. 특히 성경학자나 신학자들은 교회를 섬기는 일에 최선을 다해 헌신해야 한다.

둘째, 목회 사역에서 설교에 우선권을 둘 필요가 있다. 물론 그것이 우리가 하는 유일한 일이 되어서는 안 된다. 하지만 우리는 설교에 우선권을 부여하기 위해 시간 관리를 잘해야 한다. 우리는 진부함을 피해야 하고, 또한 매주 ─ 상황이 좋을 때나 나쁠 때나 할 것 없이 ─ 우리가 할 수 있는 모든 것을 사용해 열심히, 그리고 기도하면서 성경 본문을 연구하는 일에 매진해야 한다. 무엇보다도 이것은 학자들이 수행하고 있는 최상의 성경학적인, 그리고 신학적인 작업들을 계속해서 의식하는 것을 의미한다. 예컨대, 지난 수십 년간 문학 작품으로서의 시편과 역시 문학 작품으로서의 잠언에 관한 풍부한 연구가 이루어졌다.[75] 이것은 우리의 설교를 변화시킬 수 있는 작업이다. 우리는 계속해서 그런 연구와 접촉할 필요가 있다.

셋째, 우리의 특정한 상황에 계속해서 비행기를 착륙시킬 수 있

---

75 시편에 관해서는, Craig Bartholomew and Andrew West, eds., *Praying by the Book: Reading the Psalms* (Carlisle, UK: Paternoster, 2011)을 보라. 잠언에 관해서는, Craig Bartholomew, *Reading Proverbs with Integrity*, Grove Biblical Series B22 (Cambridge: Grove, 2001)을 보라.

으려면, 우리의 세상과 특정한 회중을 이해하는 데 필요한, 우리가 얻을 수 있는 모든 도움을 얻을 필요가 있다. 사회학, 문화 연구, 언론 같은 분야의 기독교인(과 비기독교인) 학자들에게 접근할 수 있을 경우, 우리는 부끄러워하지 말고 그들과 인간관계를 맺어야 한다.

넷째, 말씀을 받는 것은 공동의 과업임을 회중에게 반복해서 상기시킬 필요가 있다. 우리는 교회 교육 프로그램이 성경 읽기 능력을 향상시키는 방향으로 짜여 있는지 확인해야 한다. 연례 평가는 종종 교회의 사업적 측면을 다룬다. 하지만 우리는 기도, 말씀, 제자훈련, 선교 같은 교회 생활의 핵심에 속한 것을 평가하는 데도 시간을 써야 한다.

다섯째, 영적 전쟁과 관련해, 이 과업이 우리의 다른 그 어느 것보다도 중요하다는 것을 인식할 필요가 있다. 우리는 동료 사역자들과 힘을 합치고, 기독교 아카데미들과의 관계를 증진시키고, 회중과 교단 안에 있는 자원들을 활용할 필요가 있다. 디트리히 본회퍼(Dietrich Bonhoeffer)가 *The Cost of Discipleship*('제자도의 비용', 우리나라에서는 『나를 따르라』[대한기독교서회]라는 제목으로 출간되었다. -역주)이라는 제목을 지닌 유명한 책을 썼던 것처럼, 나의 동료 설교자들은 본서가 옹호하는 것-탁월한 설교-에도 **'많은 비용이 드는'**(costly) 설교가 포함되리라는 것을 알아야 한다. 아파르트헤이트가 있던 시절에 남아공에서 인종차별주의에 맞서는 설교를 하면 설교자의 생명이 위험할 수 있었다. 성경적인 설교는 하나님 백성을 양육할 것이다. 하지만 그런 설교는 저항에 직면하기도 할 것이다. 특히 우리가 우리 시대의 우상들에게 초점을 맞출 때 그러할 것이다.

여섯째, 그리고 궁극적으로, 설교라는 사역은 성령의 일, 즉 성령이 개입하기를 기뻐하시는 일이다. 그러므로 우리의 모든 설교 사역은 기도와 성령에 대한 의존이라는 심원한 인식을 지니고 수행되어야 한다. 우리의 사역은 존 스토트가 설교하기 전에 여러 해 동안 드렸던 기도의 정신으로 이루어져야 한다.

> 하늘에 계신 아버지여, 당신의 임재 앞에 굴복합니다.
> 당신의 말씀이 우리를 다스리시고
> 당신의 성령이 우리의 교사가 되시며
> 당신의 더 큰 영광이 우리의 최고 관심사가 되게 하소서.
> 우리 주 예수 그리스도의 이름으로 기도합니다.
> 아멘.[76]

---

76 Stott, *I Believe in Preaching*, 340.

부록 A

추천 도서

본문의 각주들은 독자들이 살펴보아야 할 여러 가지 자료들을 제공한다.

- 설교를 포함해 성경해석학을 위한 입문서로는, Craig Bartholomew, *Introducing Biblical Hermeneutics: A Comprehensive Framework for Hearing God in Scripture* (Grand Rapids: Baker Academic, 2015)를 보라.
- 기독교 영성에 관해서는, 유진 피터슨(Eugene Peterson)의 여러 책들이 필독서다.
- 선교와 서구 문화에 관해서는, 레슬리 뉴비긴(Lesslie Newbigin)이 쓴 모든 책을 진심으로 추천한다.
- 미셔널 처치(Missional Church)에 관해서는, Michael W. Goheen, *A Light to the Nations: The Missional Church and the Biblical Story* (Grand Rapids: Baker Academic, 2011)를 보라.
- 기독교와 문화에 관해서는, Bruce R. Ashford, *Every Square Inch: An Introduction to Cultural Engagement for*

Christians (Bellingham, WA: Lexham Press, 2015)를 보라.

- Faithlife.com은 로고스 성경 소프트웨어(Logos Bible Software)를 포함해서 목회자를 위한 다수의 자료를 제공하고 있다. 크레이그 바르톨로뮤(Craig Bartholomew)가 편집자로 참여한 〈일상을 변화시키는 말씀 시리즈〉(Transformative Word, 이레서원 출간)를 찾아보라.

부록 B

확대된 사도신경

독자들은 사도신경이 볼드체로, "그리스도"를 "메시아"로 바꾼 것을 제외하고는 달라진 것 없이, 재현되고 있음에 주목하라.

나는 전능하신 아버지 하나님,
천지의 창조주를 믿습니다.   1막

    그분은 세상을 아주 좋게 창조하셨고,

    최초의 부부를 완벽한 집인 에덴에서 살게 하셨습니다.

    그곳에서 그들은 유혹에 굴복했고

    순종보다 자율을 택했습니다.

    그 결과는 창조 세계 전체에 미쳤습니다.

    하나님의 선하신 창조 세계 안으로

    죄와 파멸이 밀려들어 왔습니다.   2막

    하나님은 아브라함을 택하심으로써 대응하셨습니다.

    그분은 그를 통해 모든 나라에 대한

    자신의 계획을 회복하시겠노라 맹세하셨습니다.

하나님은 아브라함의 후손으로
자신의 백성 이스라엘을 지으셨습니다.　　　　　　　　3막
그리고 그들을 가나안 땅에서 살게 하시고
하나님의 통치 아래에서의 삶이 어떠한지를
세상에 알리기로 하셨습니다.
이스라엘의 지속적인 불순종이 그들을
예언자들이 선포했던
유배라는 심판으로 이끌어 갔습니다.
예언자들은 또한 하나님이 그분의 메시아를 통해
그분의 나라를 세우실 날이
오고 있다고 선언했습니다.

나는 하나님의 유일하신 아들,
메시아이신 우리 주 예수를 믿습니다.　　　　　　　　4막
　그는 성령으로 잉태되어 동정녀 마리아에게 나셨습니다.
　그는 충만하고 완전한 삶을 사셨고,
　공생애 기간 동안 하나님 나라를
　선포하고 구현하셨습니다.
　그는 본디오 빌라도에게 고난을 받아
　십자가에 못 박혀 죽으시고 장사되셨습니다.
　그는 지옥으로 내려가셨습니다.

사흘 만에 그는 죽은 자 가운데서
부활하셨습니다.
그는 하늘에 오르시어
전능하신 아버지 하나님 우편에 앉아 계십니다.
거기로부터 그는 오순절에 성령을 부어 주심으로   5막
선교의 시대를 출범시키셨고,
그 시대를 통해 하나님 나라에 관한 소식과
그 나라의 삶이 모든 나라에
전파되게 하셨습니다.
그분은 거기로부터 살아 있는 자와
죽은 자를 심판하러 오실 것입니다.
그리고 새 하늘과 새 땅이
시작되게 하실 것입니다.   6막

나는 성령을 믿으며
    거룩한 공교회와
    성도의 교제와
    죄를 용서받는 것과
    몸의 부활과 영생을 믿습니다. 아멘.

EXCELLENT PREACHING